MAGIE & RITUELS de L'ÉGYPTE ANTIQUE

Éditions Ellébore
5, rue de Charonne, 75011 Paris

Directeur éditorial : Édouard Frison-Roche
Édition : Katia Kaloun, assistée de Marine Bourasseau
Création graphique et mise en pages : Coline Cayzac
Illustrations : Shutterstock

Collection Oseleso
ISSN : 2681-3122

979-10-230-0207-2

ose | ose

Camille Suldrun

MAGIE & RITUELS de L'ÉGYPTE ANTIQUE

Reconnectez-vous
à votre voie sacrée

Ellébore

Sommaire

Introduction

Ce livre est une invitation au voyage, un voyage immobile teinté de magie et de sacré, vers une terre qui se rêva pendant un temps si long que les dieux, grands amateurs d'éternité, y élurent domicile, si nombreux et si près des hommes qu'ils les côtoyaient et les guidaient, ponctuant leur vie de rituels et de cérémonies, du lever au coucher et de la naissance à la mort.

Les Égyptiens consacraient beaucoup d'attention et d'énergie à la préparation de leur ultime voyage, ils devaient montrer un cœur pur et léger aux dieux avant que ces derniers ne leur ouvrent les portes de l'éternité. Ce désir de vie éternelle, cette lutte contre le néant et l'oubli n'a pas été vaine : à travers l'immense édifice spirituel et artistique que nous a légué l'Égypte, c'est la mémoire et la parole de tout un peuple qui a vaincu l'oubli et traversé les millénaires.

L'hermétisme des hiéroglyphes figea cette sublime parole dans la pierre et les manuscrits, jetant sur elle une aura de mystère qui a nourri le rêve des hommes et leurs recherches occultes pendant des siècles, faisant de l'Égypte le berceau de la magie et de l'ésotérisme. Nous savons aujourd'hui, grâce à l'égyptologie, que l'existence de ce peuple baignait dans la magie, qu'il vivait dans une société où les prêtres et les magiciens ouvraient des portes sur le monde de l'occulte et dialoguaient avec le divin.

Les rituels et les cérémonies nécessaires à la mise en œuvre de ces énergies magiques n'étaient pas le privilège de mages aux pouvoirs surnaturels, mais relevaient d'une initiation aux secrets de la mythologie et aux rituels sacrés qui était dispensée au sein des temples et des Maisons de Vie.

La tradition originelle enseignée dans ces temples n'est plus qu'un écho lointain – la parole des prêtres s'est éteinte –, mais une partie de l'héritage sacré est encore à portée de main. Cet ouvrage a pour but de faire revivre l'esprit de cette tradition et d'ouvrir une voie dans le monde actuel vers cette spiritualité antique grâce à une initiation à notre mesure. Nous vous proposons de découvrir des perspectives et des pratiques originales et de vous aider à retrouver des vérités simples et naturelles, issues de cette sagesse millénaire.

1

Ésotérisme et magie, le savoir occulte des Égyptiens

LA MAGIE DANS L'ÉGYPTE ANTIQUE

Dominé par une science hégémonique, notre monde a bousculé les dieux, les croyances, et a ramené la magie au rang de pratique obscure. Guidés par la logique et la raison, les hommes ont perdu les clés forgées par la spiritualité et l'ésotérisme, qui leur offraient jadis le pouvoir d'ouvrir les portes de la connaissance et d'agir sur les forces naturelles de l'Univers. Au regard de l'histoire humaine, cette représentation toute rationnelle de l'Univers ne constitue cependant qu'un épisode récent : pendant de longs millénaires, les hommes n'ont pensé la vie qu'à travers le prisme de la religion et de la magie.

Dans l'Égypte antique, rituels religieux et pratiques magiques étaient en si étroite sympathie que les prêtres sont longtemps demeurés les seuls dépositaires d'une magie exclusivement destinée à protéger la personne du pharaon et la terre de l'Égypte contre leurs ennemis. La vallée du Nil, terre d'opulence et de richesses, était convoitée par de nombreux peuples, tels les Nubiens, venant du sud, et les

Hittites, venant de l'est. Ces menaces incessantes menèrent les Égyptiens à dresser des défenses et à lever des armées, mais aussi à utiliser la puissance de la magie pour assurer leur protection. Les grands prêtres initiés dans les Maisons de Vie, à la magie blanche comme à la magie noire, prenaient part à la guerre contre l'adversaire, à coups de sortilèges et d'envoûtements. Ces cérémonies occultes faisaient partie de l'arsenal défensif officiellement en usage. Lors de ces rituels, des incantations étaient inscrites sur des poteries qui, une fois brisées, étaient enfouies dans des cimetières à l'abandon. Des statuettes d'argile ou de cire, à l'image des ennemis représentés ligotés et soumis, étaient aussi employées. Lors de l'envoûtement, le nom des royaumes hostiles y était inscrit, puis elles étaient décapitées, piétinées, brisées ou brûlées à des moments choisis du jour et de la nuit, et à des dates particulières du calendrier, magie et astrologie étant étroitement liées.

Les prêtres-magiciens avaient entre leurs mains d'autres armes dissuasives contre leurs adversaires, notamment les ivoires magiques, des couteaux et bâtons ornés de créatures bénéfiques ou maléfiques qu'ils utilisaient en même temps qu'ils lisaient les hiéroglyphes sacrés qui composaient les textes magiques. Parmi les outils du magicien, on trouvait aussi des baguettes magiques, taillées dans des défenses d'hippopotame afin d'être liées à Taouret, la déesse protectrice des accouchements. La magie est la clé de voûte de la religion égyptienne : des rituels prophylactiques quotidiens étaient accomplis dans les temples à travers le pays dans le but de préserver l'harmonie divine, la Maât. À l'aube de chaque jour, dans tout le royaume, debout sur le toit des temples, des prêtres détruisaient des représentations du serpent Apophis, l'ennemi du dieu soleil. La répétition régulière de ce type de rituel avait pour but de protéger et de maintenir l'Égypte en vie, jour après jour.

Ces diverses cérémonies religieuses et magiques exigeaient un état de pureté physique et spirituel absolu. Les prêtres-magiciens au corps totalement épilé, rasé et revêtu de lin blanc, ne pouvaient officier sans s'être baignés dans une eau pure et avoir longuement médité et prié.

Aspirations au bonheur matériel et espérances spirituelles étaient, dans l'esprit égyptien, étroitement entremêlées. Le ciel et la terre interféraient continuellement. La vie, même dans ses facettes les plus ordinaires, était irriguée par une énergie spirituelle appelée *Heka*, qui est couramment traduite par le mot « magie ». La magie était considérée comme un cadeau des dieux censé aider l'être humain à composer avec les aléas de la vie, à infléchir le destin. *Heka* est aussi ancienne que le cosmos, elle est l'étincelle à l'origine de la création, elle est le fruit de l'astre-dieu solaire, qui prodigue sans compter la magie de sa lumière, source de toute vie.

Au fil du temps, désireux de profiter aussi du pouvoir d'*Heka*, le peuple égyptien s'en est emparé, faisant de la magie une arme vouée à maîtriser son destin dans le monde matériel comme dans le monde spirituel, élaborant rituels et sortilèges destinés à garantir la réussite de ses vœux de bonheur, de santé et de succès, au combat comme en amour.

Désormais pratiquée dans l'intérêt de tout un peuple et libérée du secret des palais et des temples, *Heka* protégeait les villages les plus modestes. Au sein de ces derniers, des magiciens et des sorciers soignaient les maladies par des rituels thérapeutiques, savants mélanges de prières, d'incantations et de remèdes. Pour ce faire, ils sollicitaient les dieux, chaque partie du corps étant associée à une divinité. Les pierres précieuses étaient également utilisées pour guérir les douleurs physiques. Pour guérir une douleur au rein, il suffisait d'y apposer une gemme magique rouge, couleur assimilée à cet organe, et d'invoquer les forces occultes. Mais ils avaient également à leur disposition une pharmacopée riche et élaborée, parfois classique (miel, argile, plantes médicinales...), mais aussi des plus étranges (mucus de bœuf, cérumen de mule, serres de faucon, sang de gladiateur...). Ces mages thérapeutes soignaient aussi contre le venin des serpents, scorpions et araignées, savaient redonner espoir en conjurant l'infortune et assister les hommes et les femmes dans leurs quêtes amoureuses.

Les sortilèges d'amour étaient évidemment très populaires ; ils n'avaient rien de commun avec les fameux philtres d'amour apparus bien plus tard. Le but de ces rituels n'était pas d'amener un homme ou une femme à tomber amoureux de vous, mais bien de le ou la contraindre à vous aimer. Ils étaient donc bien plus proches de l'envoûtement que du charme. Pour cela, les sorciers utilisaient des statuettes d'argile dans lesquelles ils enfonçaient des aiguilles de cuivre en récitant des incantations. Une fois le rituel accompli, le sorcier jetait la figurine dans un cimetière et plaçait le texte dans la bouche d'un mort.

Que ce soit la haute magie des temples et des prêtres ou la magie ordinaire du peuple, les rites qui l'accompagnaient comportaient toujours trois éléments : le rituel, l'incantation et le talisman. Le rituel est ce que l'on fait, l'incantation est ce que l'on dit, et le talisman est le support matériel, l'outil magique. Ces trois piliers de la pensée magique, associés à l'univers occulte égyptien, sont l'essence même de la magie pratiquée dans le monde occidental depuis plus de deux mille ans et qui passionne encore bien des personnes en quête d'ésotérisme.

LES PRINCIPAUX DIEUX DE L'ÉGYPTE ANCIENNE ET LEURS VERTUS

Hâpy

« Je suis le Maître de l'eau.
Je suis Celui qui répand l'eau pure et vivifiante
sur le Double Pays.
Je suis les père et mère des dieux et des hommes,
la nourrice du pays. »

Incarnation divine du fleuve nourricier, Hâpy est vénéré pour les bienfaits liés à ses crues : chaque année, le Nil déborde de son lit et fertilise l'étroite vallée, permettant la culture de ses rives. Garant de la vie en Égypte, Hâpy est loué pour ce phénomène miraculeux qui apporte richesses et prospérité à tout un peuple. Représenté sous la forme d'un homme à l'apparence androgyne, ses courbes féminines représentent la fécondité. Dieu aussi aimé que craint, l'*Hymne au Nil* lui était adressé. Il est un témoignage des sentiments ambivalents qu'inspirait cette dépendance des Égyptiens aux caprices du dieu fleuve : on lui adressait aussi bien des louanges pour ses bienfaits que des reproches amers. Neter[1] nourricier, Hâpy apporte ses bienfaits (dons du Nil, prospérité, fécondité) à ceux qui s'attirent ses grâces.

Thot

« Je suis Thot… tout ce qui émerge de ma bouche
se réalise comme pour Rê.
Je suis le Maître de la palette du calame.
Je suis Celui qui écrit la Maât.
Je suis le Maître du temps. »

Dieu lunaire, seigneur de la connaissance et de la parole, Thot est représenté sous la forme d'un homme à tête d'ibis ou, parfois, de babouin. Doté d'un savoir et d'une sagesse infinis, il est l'inventeur des sciences et des arts. Par le verbe créateur, il organise la matière, crée l'Univers et établit les règles qui le gouvernent. Aux côtés de Maât, déesse de la justice, il crée tout ce qui est juste, équilibré, bon. Greffier des dieux, il note le résultat de la pesée du cœur : si son cœur est plus léger qu'une plume, le défunt devient un

1. « Neter » est le terme égyptien pour « dieu ». Le pluriel de « neter » est « neterou ».

Osiris, promis à renaître pour l'éternité. Messager des dieux et patron de l'histoire, il note soigneusement la succession des pharaons. Neter omniscient, Thot apporte à ses adeptes sa sagesse, la qualité de sa communication et la clairvoyance de ses oracles.

Horus

« Je suis le ciel, mon œil droit est le Soleil
et mon œil gauche la Lune.
Je suis le dieu faucon, de mes ailes je couvre
la terre d'Égypte et la protège. »

Dieu faucon, seigneur du ciel, Horus est une divinité primordiale qui protège la terre d'Égypte et ses pharaons depuis les temps les plus reculés. Fils posthume d'Osiris, il livre un combat perpétuel à Seth, meurtrier de son père et usurpateur du trône. Lutte emblématique du bien contre le mal, cette guerre a pour enjeu la reconquête du pouvoir et la pérennité du règne de Maât, déesse de l'ordre et de l'harmonie. Victorieux après de longues années de combat, Horus reprend la couronne qu'il tenait de son père et devient la représentation archétypale du pharaon, donnant ainsi sa légitimité à la royauté et faisant de ses successeurs la réincarnation du dieu roi. Horus le guerrier a bravé la mort au cours de ses innombrables batailles contre Seth le destructeur et s'est toujours relevé, sans jamais renoncer, ce qui fait de lui une puissance protectrice et une source de résilience que l'on invoque dans l'adversité.

Isis

« Je suis la grande divinité.
Je suis la Veuve éplorée.
Je suis la grande magicienne.
Je suis la mère d'Horus. »

Archétype de la femme salvatrice, épouse et mère idéale, Isis est aussi la déesse mère des pharaons. Figure éclatante, elle redonne vie à son amant, Osiris, grâce à sa magie créatrice et à son amour. Protectrice des naissances et des enfants, elle revêt de multiples formes : parée de ses longues ailes, elle symbolise amour, protection et justice. Au-delà de cet aspect de dévotion maternelle et d'affection, Isis représente le principe de la création et du féminin sacré. Elle prend soin du nouveau-né et du défunt avec le même amour, l'assistant dans ses ultimes transformations vers la renaissance. Maîtresse de la vie, Isis est celle à qui le destin obéit ; elle offre à ses adeptes la possibilité de changer leur destinée et leur offre la compréhension des savoirs cachés. Grande initiatrice, elle dévoile à ses fidèles les mystères de la magie.

Osiris

« Je suis le premier des Occidentaux.
Je suis le Seigneur de la Maât.
Je suis le Maître de l'éternité. »

Dieu complexe et fascinant lié aux cycles des saisons et à la royauté, Osiris doit sa renommée à sa fonction funéraire. À l'origine dieu de la fertilité et de la nature, il est celui qui apporte l'agriculture et la civilisation aux hommes, qui crée les lois, instaure l'ordre et la discipline. Premier roi mythique d'Égypte, Osiris est toujours représenté couronné et portant les attributs du pharaon : la houlette et le fléau, symboles d'ordre et de stabilité. Assassiné par son frère Seth, il est ramené à la vie grâce à la magie de son épouse Isis. Osiris devient alors un dieu funéraire qui ouvre les portes de l'éternité aux défunts et qui règne sur le royaume des morts. Mort promis à la renaissance, Osiris représente le renouveau de la vie, de la nature, des cycles de vies terrestres et cosmiques. Neter fondamental, Osiris rassemble les qualités d'un véritable guide intérieur qui veille sur les hommes tout au long de leur vie terrestre, mais aussi dans le monde des morts. Osiris nous invite à nous réconcilier avec nous-mêmes et les autres, en admettant tant la part sombre que la part lumineuse qui coexistent en chacun de nous. Neter juste et bon qui préfère la communication au combat, il apporte protection et espoir à ses adeptes.

Amon

« Je suis le Caché, l'Invisible.
Je suis Celui qui demeure en toute chose.
Je suis Souffle de Vie.
Je suis Amon qui écoute les prières. »

De son étymologie *imen* signifiant « caché », Amon est l'invisible et l'omniprésent, « celui qui demeure et qui réside en toute chose ». Démiurge primordial du panthéon égyptien, Amon aurait donné naissance au cosmos. Dieu anthropomorphe à l'identité mystérieuse, c'est sous la forme d'une oie, un de ses animaux sacrés, qu'il pondit l'œuf primordial d'où surgit la vie. Créateur de l'Univers, des hommes, mais également des dieux, on le représente souvent sous forme humaine, coiffé d'une couronne de plumes, reprenant ainsi l'image des différents souverains qui ont régné sur l'Égypte. Sa peau uniformément bleue évoque sa qualité de dieu céleste. Le sanctuaire d'« Amon qui écoute les prières » fut bâti à Karnak, où le dieu populaire répondait aux prières de ses fidèles. Neter protecteur et éternel, Amon est une divinité à la fois accessible et énigmatique.

Bastet

« Je suis la Maîtresse de Bubastis.
Je suis la fille d'Atoum, l'œil Oudjat de Rê. »

Déesse gardienne du foyer et protectrice des hommes, Bastet symbolise l'amour, la joie et la sensualité. Elle est représentée sous la forme d'une chatte, animal sacré en Égypte ancienne, qui reliait le monde des morts à celui des vivants. Déesse musicienne, Bastet est également souvent représentée tenant un sistre, sorte de crécelle magique, qui rappelle son rôle de déesse de la danse et des fêtes. Originellement icône locale de Bubastis, cité qui abrite son principal sanctuaire où se déroulaient de somptueuses fêtes en son honneur, le culte de Bastet s'est répandu dans toute l'Égypte. Incarnation de la féminité, déesse douce et gracieuse, Bastet vient en aide à ceux qui souhaitent protéger leurs enfants, leur assurer une bonne santé, mais aussi à ceux qui souhaitent vivifier leur vie amoureuse et sexuelle.

Sekhmet

« Je suis la Puissante.
Je suis la Flamme brûlante.
Je suis l'œil de Rê. »

Déesse lionne redoutée et courroucée, mais aussi bienveillante et guérisseuse, Sekhmet est une figure aussi ambivalente que fascinante. Reconnue pour sa puissance destructrice, elle protège vigoureusement dieux et rois, les menant à la victoire et à la gloire. Fille de Rê, elle est l'« incarnation de l'œil » et elle terrasse les ennemis du dieu soleil. Mais Sekhmet ne se cantonne pas à son rôle destructeur : elle est également la patronne des médecins, et peut aussi bien répandre des épidémies meurtrières sur les terres d'Égypte que guérir ceux qui souffrent. Sekhmet représente la puissance féminine, à la fois séduisante et terrifiante. L'initié peut s'attirer les grâces de Sekhmet à condition de vaincre ses propres peurs.

Anubis

« Je suis l'Embaumeur.
Je suis Psychopompe. »

Anubis, maître des terres du couchant et gardien des enfers, est le guide ultime, celui qui accompagne les morts dans leur voyage vers l'éternité. Dieu à tête de chien, roi des nécropoles, Anubis est la divinité tutélaire des embaumeurs : la légende dit qu'après avoir reconstitué le corps d'Osiris dépecé par Seth, il l'entoura de bandelettes, devenant ainsi le premier prêtre momificateur. Dans le *Livre des morts*, il est le terrible « gardien de la balance », maître de la cérémonie de la pesée de l'âme (voir p. 174). Cependant, les pouvoirs d'Anubis ne se limitent pas au royaume de la mort : il intervient aussi dans l'univers des vivants en tant que protecteur des orphelins et paisible dieu pasteur, gardien des troupeaux. Anubis apparaît comme un guide sûr et un puissant protecteur, et sa couleur noire associée au limon fertile apporté par le Nil en fait un symbole de renaissance.

Seth

« Je suis le Seigneur des orages et tempêtes.
Je suis le Seigneur des pays étrangers. »

Seth, fils de Nout, est le frère des déesses Isis et Nephtys, ainsi que du dieu Osiris. Dieu des orages et de la foudre, Seth est une divinité puissante, symbole de destruction et de brutalité : fratricide, il a assassiné son frère Osiris. Il se distingue par une énergie indomptée et indomptable. Il est le dieu de la confusion, du désordre et de la perturbation, mais à l'image d'autres divinités égyptiennes, c'est un dieu ambivalent qui n'est pas essentiellement mauvais : il incarne également la vitalité et le renouveau. Protecteur de Rê, il combat le serpent Apophis et participe donc à la bonne marche du monde. L'aspect de Seth est à la fois étrange et effrayant : un curieux visage composé d'un museau pointu surmonté de longues oreilles, le tout sur un corps d'homme. Seth est à l'image de ce dernier, capable du pire comme du meilleur : tuer son prochain ou être son sauveur. Il apporte à ses adeptes son énergie et sa combativité.

Hathor

« Je suis Dame de vie, la vache céleste.
Je suis l'œil de Rê.
Je suis la Lointaine. »

Déesse-vache céleste, Hathor est une divinité si ancienne que ses racines se perdent dans la nuit des temps : sa vénération s'est étendue à toute l'Égypte et même au-delà. Souvent coiffée de cornes bovines, elle est la déesse de l'amour, de la joie et des festivités. Icône primitive, elle est une figure maternelle aimante, populaire et influente. Hathor prodiguera plus naturellement ses faveurs aux femmes en quête de succès professionnel, d'épanouissement personnel, ou encore de relations amoureuses ou sexuelles harmonieuses.

Rê

« Je suis le Créateur du Ciel et de la Terre.
Je suis le Seigneur de l'Infini.
Je suis le Seigneur de la Vie.
Je suis le Maître de la Lumière. »

Dieu suprême et primordial apportant l'ordre et la vie grâce à sa grande lumière, Rê est généralement représenté sous forme d'un homme coiffé d'un disque solaire. L'universalité des fonctions de Rê le met en rapport avec tout le panthéon égyptien : chaque divinité est simultanément une entité indépendante et un avatar de Rê. Par l'énergie solaire qu'il dégage, il est source de vie, de lumière et de chaleur, sa course régit le temps, les heures, les jours, les saisons. Il mène une lutte éternelle contre Apophis, le serpent du chaos, qui tente, chaque nuit, d'anéantir la lumière et de plonger le monde dans l'obscurité. Chaque lever de soleil signe la victoire de

Rê sur les puissances des ténèbres. Symbole de force et de pérennité, Rê accorde son attention aux demandes concernant l'élévation spirituelle et sociale.

LA MAGIE DES NETEROU

Dans la pensée égyptienne, le neter constitue le souffle de vie, l'énergie créatrice de ce monde : en effet, en ancien égyptien, le mot *neter* traduit la notion de divin. Cette énergie divine fait partie intégrante de la création et forme une véritable symbiose avec tout ce qui existe : pour résumer, le neter est le principe divin en action. Cependant, l'usage de ce mot au singulier ne saurait désigner l'idée d'un dieu unique et omniscient comme elle est théorisée dans les religions monothéistes. Au contraire, ce mot pourrait plutôt se traduire par « le dieu que vous désirez » ou, de manière plus neutre, « votre dieu », lui octroyant ainsi une portée universelle, applicable à tout un chacun. Ainsi, son emploi dans les écrits religieux le rendait acceptable de la même manière par les fidèles de Ptah à Memphis ou les adeptes d'Horus à Edfou, que par les adorateurs d'Osiris à Abydos.

Les divinités sont issues de l'océan primordial, le Noun, source unique commune à toutes les cosmogonies égyptiennes. En venant au monde et en se réalisant, les divinités créent de multiples manifestations : ce sont les neterou. Dans les textes égyptiens anciens, le dieu primordial Atoum est présenté ainsi : « Je suis de nombreux noms et de nombreuses formes, et mon être existe dans chaque neter [dieu, déesse]. » Ainsi, lorsque le maître de l'Univers vit le jour, c'est la création entière qui est née. De nombreux textes égyptiens mettent en exergue ce mode de pensée sophistiqué. Cette essence divine, force de vie primordiale, se trouve dans chacun d'entre nous, dans chaque être, dans le cycle des saisons, comme dans le souffle du vent ou encore dans les gestes du quotidien. Le but de l'existence pour un Égyptien est de participer à son expression dans sa vie quotidienne.

Les neterou sont l'émanation agissante de l'Univers et de la nature : partagée par tous les Égyptiens, du plus modeste au plus illustre, cette vision imprégnait la pensée égyptienne. Si le fellah désirait une moisson abondante, il lui suffisait de déposer quelques offrandes aux abords de ses cultures et de ses silos à grain dans les autels consacrés à Hâpy, dieu de l'abondance, à Nepri, divinité du grain, ou d'adresser une prière à Osiris, inventeur de l'agriculture. Avant de franchir le seuil d'une nécropole, il fallait se placer sous la protection de la déesse cobra Meretseger. Les artisans créateurs, peintres, bijoutiers et sculpteurs, trouvaient inspiration, habileté et assurance de réaliser un chef-d'œuvre en invoquant l'assistance de Ptah.

La Maât : une philosophie de vie au cœur du monde magique de l'Égypte

Étroit cordon de vie, née du mariage insensé de l'eau du Nil et du sable du désert, l'Égypte des pharaons a pourtant su vivre et prospérer durant près de quatre mille ans. Source de splendeurs artistiques et de richesses spirituelles, cette vallée heureuse, cernée par une aridité mortifère, est certes un miracle de la nature, un cadeau des dieux, mais elle est avant tout l'œuvre d'un peuple guidé par une volonté, un concept universel qui se trouve à la base de la pensée égyptienne : l'idéal de la Maât. Cette véritable philosophie de vie peut nous inspirer au quotidien dans notre rapport au vivant.

Dans l'esprit de l'Égyptien de l'Antiquité, la Maât est la source originelle de l'ordre et de l'harmonie, celle de l'Univers et de la nature, ainsi que celle des hommes. « Maât » exprime en un mot le principe positif permanent qui gouverne toutes les forces vitales et tous les cycles naturels, dans le monde des dieux comme dans le monde des hommes, à l'échelle cosmique comme à l'échelle humaine. C'est donc tout un peuple, du plus puissant au plus humble, qui, par crainte ou par sagesse, œuvre au quotidien pour Maât et selon Maât, dans une lutte permanente contre une rupture de l'équilibre, cause d'une inéluctable catastrophe cosmique.

C'est pour Maât que toute la nourriture produite dans le royaume d'Égypte est centralisée et répartie afin d'éviter le chaos d'une famine. C'est pour Maât que la médecine fait l'objet d'un véritable service public gratuit et accessible dans tout le pays afin de lutter contre le désordre causé par la maladie. C'est pour Maât que l'on enseigne l'écriture, les sciences, les arts, la religion et la magie dans les Maisons de Vie afin de former une élite qui exercera son pouvoir dans un esprit de préservation de l'ordre universel, de l'harmonie et de la vérité.

Ce concept, au centre de la pensée égyptienne, constitue un idéal partagé par tout un peuple et repose sur trois piliers : justice, solidarité et vérité. Si la Maât n'est pas installée dans le cœur des hommes, c'est toute la vie qui est menacée. Malgré cela, il n'est pas question pour un Égyptien de réclamer égoïstement justice, solidarité et vérité, mais plutôt de veiller à être lui-même source de Maât tout au long de son existence. Le concept de Maât est une authentique philosophie de vie qui pourrait, encore longtemps après la disparition de la civilisation égyptienne, nous inspirer dans notre conception de l'existence et notre éthique de vie.

La pratique magique

Heka, la magie égyptienne, est la puissance, la potentialité à transmettre la magie et la connaissance. Cette capacité prodigieuse réside en chacun de nous. Faire de la magie, c'est se connecter à l'Univers pour faire émerger une dimension autre, un état d'esprit nouveau. Pour être efficace et pertinente, la pratique magique doit reposer sur trois piliers fondamentaux : la connaissance du panthéon des divinités égyptiennes – afin de connaître le pouvoir de chacun, savoir comment s'adresser à ces dieux et comment solliciter leur aide –, les rituels, et la philosophie égyptienne (en particulier l'idéal de la Maât). La magie est, par essence, naturelle et harmonieuse : fondée sur la maîtrise des forces élémentaires et des énergies qui nous entourent, elle ne présente aucun danger. À cet égard, la magie la plus fondamentale et la plus connue réside dans la connaissance et l'usage des plantes, qui n'est rien d'autre qu'une forme de maîtrise des forces naturelles présentes sur Terre. L'aspirant magicien doit donc faire en sorte d'accorder sa propre énergie à celle de la déité qu'il invoque : pour cela, la connaissance des rituels et de l'aspect pratique de la magie est essentielle. La symbolique des amulettes, des talismans, des plantes, des couleurs, des encens et des huiles permet de donner davantage de puissance aux rituels, et à l'énergie de la divinité d'être plus prégnante.

Mais comment s'adresser aux neterou, aux divinités ? Comment les prier et obtenir leurs faveurs ? Pour certains, c'est quelque chose qui s'établit naturellement ; pour d'autres, c'est une sensibilité, une affinité particulière qui s'exprime. Mais le seul élément indispensable et essentiel à toute pratique magique est le cœur. Pour les anciens Égyptiens, tout doit être fait avec l'*ib*, le « cœur ». Aucun rituel, aucune prière, aucune dévotion ne saurait être efficace si elle manque de sincérité. La sincérité est génératrice d'harmonie : les mots qui en sont empreints, prononcés avec assurance et foi, acquièrent une puissance vibratoire qui, une fois déclenchée, a raison de tous les obstacles et amorce le changement souhaité. Les rituels et les prières proposés dans cet ouvrage peuvent vous aiguiller dans les balbutiements de votre pratique, mais ils ne doivent pas être appris par cœur ou répétés de façon mécanique. Mieux encore, adaptez-les, appropriez-les-vous et trouvez ce qui vous touche pour créer votre propre pratique magique. Vous pouvez hésiter, improviser, vous tromper ; si vous êtes sincère et dévoué, si vous mettez tout votre cœur à l'ouvrage, alors vous êtes sur le bon chemin.

Les rituels quotidiens

Le neter, l'émanation du divin, est présent à l'intérieur de vous, c'est la part divine intimement liée à votre âme. Nul besoin de parcourir le monde pour le retrouver : il n'a jamais été ailleurs qu'à vos côtés. C'est pour cette raison que les rituels quotidiens et les cultes domestiques sont essentiels à la pratique de la magie ; vous pourrez ainsi honorer le divin chez vous, dans votre lieu de vie. Il est avisé de se lancer doucement, mais quotidiennement, dans la pratique de la magie. C'est en répétant des rituels simples, avec discipline et régularité, et en créant un cadre dédié, que vous pourrez commencer à construire une pratique magique personnelle et éveiller votre intérêt et votre curiosité pour ce domaine. Le rituel est une forme d'apprentissage, d'expérimentation, qui, associé à la théorie, vous permettra d'intégrer profondément de nombreuses notions.

Le rituel quotidien s'inspire le plus souvent des rituels pratiqués par les prêtres et prêtresses des temples égyptiens. Il comprend généralement :

- la purification : avant chaque acte magique, une purification est effectuée afin de se présenter devant les déités. Prendre le temps de se purifier est à la fois une manière d'honorer les divinités, mais également un moment privilégié pour passer du profane au sacré et se débarrasser des impuretés du quotidien (énergies néfastes, soucis du quotidien, blocages émotionnels...).

Il existe différentes méthodes de purification : certains préfèrent les techniques de relaxation, d'autres la fumigation, et d'autres encore ont recours à la méditation. Toutes ces méthodes sont avisées, mais l'approche la plus répandue dans la tradition égyptienne est la purification par l'eau. De simples ablutions peuvent être effectuées tandis que d'autres préféreront prendre un bain rituel ;

- l'invocation : un temps de prière et de discussion intérieure. Les formules sont souvent empruntées aux anciens manuscrits, aux textes gravés sur les temples et les monuments funéraires, mais vous avez la possibilité d'adapter et de créer vos propres formules, celles-ci n'en seront que plus sincères. Les égyptologues ont tenté au mieux de nous restituer ces prières en usage dans la vie quotidienne du peuple, reflets d'une foi profonde, émouvante de pureté et de ferveur ;
- le don d'offrandes : l'offrande tisse un lien privilégié entre le magicien et l'objet de sa dévotion. Cette offrande peut prendre une forme matérielle, tangible, mais elle peut aussi être quelque chose de plus personnel, que ce soit un chant, une danse, une création ; c'est avant tout un peu de son temps et de sa vie que l'on offre à la déité. L'offrande la plus simple et la plus répandue dans les rituels est la libation d'eau, représentation des eaux fertiles du Nil. En effet, ce liquide,

source de vie, est considéré comme le bien le plus précieux. Un bol d'eau claire et potable constitue donc une offrande idéale. Les objets rituéliques égyptiens disposés sur l'autel (ankh, nœud d'Isis, amulettes...) et liés aux spécialités de la divinité concernée permettent également de concentrer son énergie ;

- remerciement et clôture du rituel : exprimez votre reconnaissance envers la divinité en la nommant et en la remerciant. Vous pouvez éventuellement marquer la fin du rituel en faisant résonner un bol tibétain ou en faisant sonner une clochette, un sistre ou tout autre instrument.

L'autel sacré

L'autel est le sanctuaire des divinités, un endroit où la puissance et l'énergie des neterou vibrent constamment, à l'image du naos[2] des temples égyptiens. Cet espace symbolique dédié à la dévotion se chargera de pensées positives, il éveillera en vous, lors de votre recueillement, réconfort et paix intérieure, et constituera un biais de communication privilégié avec les divinités, un lieu où vous aurez la faculté de mettre en pratique vos rituels magiques. Il est conseillé d'aménager un espace entièrement dédié à votre pratique.

2. Le sanctuaire, ou « naos », était le cœur du temple égyptien, la salle ultime où l'on conservait une effigie de la divinité ; on lui adressait des prières et on déposait des offrandes à ses pieds.

Vous pouvez y consacrer le coin d'une pièce calme de votre foyer où vous ne serez pas dérangé. Un coin de nature isolé où vous appréciez vous promener peut également être tout à fait adéquat.

En fonction de leurs affinités et de certains moments de leur vie, certains pratiquants choisissent de dédier leur autel à une divinité en particulier et le garnissent d'éléments qui évoquent cette déité. Les coloris et les objets symboliques offrent un support tangible à la dévotion : ils ont une signification et ajoutent au potentiel spirituel des invocations destinées aux divinités avec lesquelles vous ressentirez des affinités. Voici quelques exemples d'objets qui pourront venir agrémenter votre autel :

- une représentation de la divinité : les effigies divines sont d'importants supports visuels pour entretenir une relation avec la déité. Célébrer un dieu à travers une statuette, ce n'est évidemment pas vouer un culte à un objet ; c'est établir un lien avec une entité divine, dont l'essence intemporelle est infusée dans une représentation physique. Les Égyptiens n'adressaient pas leurs prières aux statues, mais à l'esprit divin qui les animait. L'effigie permet de focaliser l'attention et la concentration du pratiquant. Il est plus délicat pour l'esprit humain d'être relié à des concepts abstraits qu'à des divinités réduites ;

- l'encens : dans tous les temples égyptiens, de l'encens était brûlé en l'honneur des dieux. Les encens à base de résine d'oliban et de myrrhe étaient très répandus, combinés parfois avec des huiles essentielles parfumées (voir p. 122). Le parfum est une manifestation de la divinité : en effet, le mot « neter » est un dérivé du mot qui servait à dénommer l'encens, « sénetecher », qu'on pourrait traduire par « ce qui rend divin ». Outre ses vertus purificatrices, l'encens favorise l'installation d'un état méditatif et développe les qualités intuitives ;
- l'instrument de musique : la cloche, le bol ou encore le sistre, sont traditionnellement utilisés pour marquer le début et la fin d'un rituel. Il s'agit également d'une belle façon d'attirer les déités en créant des rythmes musicaux vibrants et attirants. Le son est une jolie manière de souligner un acte magique ou spirituel et est un excellent moyen d'honorer une divinité. D'après les théories astrophysiques les plus avancées, l'essence de l'Univers est vibratoire. Il n'est donc pas étonnant que les ondes sonores, tant celles de la parole que celles des instruments rituels, favorisent l'établissement d'une relation au divin. N'hésitez pas à avoir recours à un bol chantant tel qu'utilisé dans le bouddhisme tibétain. Ces bols au son pur et aérien émettent des vibrations capables de rétablir l'harmonie de nos états intérieurs et permettent ainsi de se purifier avant de se présenter devant les divinités ;

- les chandelles : flammes éternelles allumées de tout temps, sur votre autel comme dans les anciens temples égyptiens, elles permettent d'activer la puissance de l'autel. N'hésitez pas à les allumer lorsque vous avez besoin de l'aide d'une déité. La couleur des bougies doit être choisie avec le plus grand soin en fonction des attributs des divinités. Toutes les sources lumineuses (lampes, bougies) sont des métaphores de la lumière des divinités solaires ;
- coupelles à offrandes : gardez toujours un récipient ou un bol pour déposer régulièrement vos offrandes. Vous pouvez utiliser des coquillages, utilisés traditionnellement lors des rites de fertilité égyptiens : ils évoquent la matrice féminine et le pouvoir créateur. Lorsque le bol est plein, videz-le dans la nature ou dans un cours d'eau s'il s'agit d'offrandes d'origine naturelles (fleurs, végétaux, lait…) ;
- le voile : accessoire symbolique, le voile représente la frontière entre le monde matériel et le monde spirituel. Soulever le voile d'Isis, c'est lever le voile opaque qui dissimule les mystères occultes de l'Univers. Le voile peut être utilisé pour protéger l'autel entre les séances, ou pour vous couvrir pendant certaines méditations et rituels.

Les rites à accomplir quotidiennement ne représentent pas l'unique voie que vous pouvez emprunter pour honorer la puissance divine. Tout acte, même le plus simple, qui fait partie de votre quotidien, peut contribuer à faire vivre la Maât en vous et autour de vous. Méditer lors d'une promenade, donner de votre temps, de votre énergie, pour les causes auxquelles vous êtes sensible, sont autant de façons d'honorer le divin. Éveillez en vous la conscience que l'amour de l'autre, l'amour de la vie, est en soi la plus vraie des prières, la plus précieuse des offrandes à Maât. Multipliez les expériences et laissez-vous guider par votre intuition pour créer une pratique qui vous ressemble, l'essentiel étant que votre cheminement vous amène à découvrir votre propre voie.

SOLLICITER L'AIDE DES DIEUX

Voici quelques techniques pratiques de magie simples et accessibles à tous. Ces exercices sont généralement basés sur l'affirmation positive et la visualisation, cette capacité mentale que nous avons à nous représenter un objet, une émotion, une sensation ou même un son. En recourant à l'intelligence de votre inconscient et à la capacité de votre organisme à connaître ce qui est bon pour lui, vous pourrez vivre une véritable aventure intérieure et créer un contexte favorable à la concrétisation de vos souhaits.

Consacrer son lieu de vie à une divinité tutélaire

La consécration peut être utile pour les amulettes, les gemmes, les instruments rituels, mais elle peut aussi concerner votre maison, votre appartement, ou tout autre lieu où vous seriez amené à séjourner pour un temps assez long. Pour cela, il vous faudra choisir une divinité en accord avec les bienfaits que vous désirez attirer sur votre lieu de vie. Bès, le dieu du foyer, sera sans doute la divinité la plus à même de veiller sur votre demeure, mais de nombreuses autres divinités pourraient vous apporter leurs faveurs. Les personnes portées sur la réflexion ou les créatifs seront stimulés par la présence bienveillante de Thot. Bastet, déesse de la maternité, prodiguera plus naturellement ses bienfaits aux foyers où vivent des enfants, tandis qu'Hathor sera sollicitée dans les maisons où vivent des femmes très impliquées dans leurs projets professionnels. Placé ainsi sous le rayon bénéfique d'une divinité tutélaire, votre lieu de vie offrira un climat de bien-être et de sérénité à tous ses occupants.

La protection d'Hathor

Le miroir d'Hathor était utilisé par les danseuses lors de cérémonies sacrées : les rayons du soleil qu'il réfléchissait à chaque mouvement étaient considérés par les anciens comme des manifestations de la déesse. Dans de nombreux contes et légendes antiques, les héros de la mythologie s'arment toujours d'un accessoire réfléchissant lorsqu'ils affrontent un ennemi, afin de ne pas s'exposer à la puissance directe d'une agression. En regardant en face celui que vous soupçonnez être un ennemi, vous vous rendez vulnérable. Le miroir réfléchit l'image, mais aussi les énergies et les influences : il constitue un excellent bouclier psychique pour se protéger des énergies néfastes. Comme il est peu probable que vous puissiez vous procurer un miroir d'Hathor dans le commerce, un miroir double face ou un miroir à main au dos légèrement strié feront parfaitement l'affaire. Servez-vous d'un des côtés pour scruter les intentions qui vous semblent douteuses, et de l'autre pour renvoyer les émanations indésirables, ou tout du moins pour vous protéger contre ce genre d'éventualités.

La pratique

Si vous éprouvez le sentiment d'être la cible d'intentions néfastes de la part de quelqu'un de votre entourage avec qui vos rapports sont discordants, le miroir d'Hathor vous permettra de vous protéger de ces vibrations indésirables. Fermez les yeux et imaginez ce que vous considérez comme étant les effets de cette mauvaise fortune. Pensez, par exemple, à cette série de petits incidents du quotidien que vous rencontrez depuis plusieurs jours sans raison apparente, ou au fait que vous vous sentiez mentalement drainé depuis votre rencontre avec untel, etc. Figurez-vous la situation, puis, tout en adressant une prière à Hathor, visualisez-la sur la première face du miroir. Ensuite, imaginez le problème traverser cette dernière. Regardez toujours intensément le miroir, puis levez-le, comme pour renvoyer la situation à l'expéditeur. Prononcez cette formule, que vous pouvez évidemment adapter à votre convenance :

« Par cet acte, que le pouvoir de nuisance et les mauvaises intentions qui m'entourent se retournent contre l'esprit qui les a envoyés. Que la déesse Hathor réponde à cet appel comme elle répondit à Rê. »

Anubis, gardien des biens

Anubis est un dieu gardien, vous pourrez le solliciter pour veiller sur vos biens et votre entourage, ou toute personne ou lieu que vous désirerez protéger.

La pratique

L'invocation d'Anubis offre une protection traditionnelle formée sur le principe familier et efficace du chien de garde. Même les cambrioleurs les plus expérimentés auront bien du mal à se débarrasser d'un chien-esprit ! Anubis est le parfait gardien de vos nuits : on ne saurait trouver meilleur allié que le souverain absolu du monde souterrain. Pour vous attirer les faveurs et la protection d'Anubis, il vous suffit de lui adresser une requête sincère, sans oublier de le remercier.

Protéger ses animaux de compagnie avec Bastet

Bastet étant la grande représentante des animaux, c'est à cette divinité qu'il faut s'adresser pour assurer la protection de vos animaux de compagnie, pour qu'ils reviennent à vous s'ils s'égarent, ou pour calmer toute inquiétude à leur sujet.

La pratique

Afin de veiller à ne pas égarer votre familier, vous pouvez faire figurer une prière à Bastet sur le collier de l'animal, ou une simple formule : « Que Bastet protège [nom de l'animal]. » Si votre animal appartient à la race des canidés, adressez-vous plutôt à Anubis ; si c'est un oiseau, faites appel à Horus.

Le jugement de Maât

Dans le monde rationnel d'aujourd'hui, l'intuition est souvent négligée. Cependant, elle constitue un allié précieux. Elle sert à nous maintenir en sécurité, sains et saufs, et à prendre des décisions en tenant compte de nos émotions les plus profondes. Malheureusement, seule, elle peut parfois se révéler insuffisante, et on peut facilement se retrouver dans l'attente d'un signe, d'une manifestation. La technique du jugement de Maât permet de jauger l'intention et d'éclaircir les véritables desseins d'autrui. Si l'on vous offre un présent, ou que l'on vous fait une proposition d'ordre personnel, sentimental ou professionnel, et que vous avez un mauvais pressentiment, n'hésitez pas à avoir recours à cette méthode. Le jugement de Maât révélera la vérité en quelques jours.

La pratique

Installez-vous devant votre autel. Laissez vos pensées devenir légères comme la plume de la vérité (voir p. 174) et instaurez en vous la sérénité et l'harmonie. Représentez-vous mentalement une balance et ses deux plateaux. Sur le plateau de gauche, posez une image mentale du problème. Sur le plateau de droite, déposez la plume blanche de Maât. Laissez maintenant l'image de la balance s'évanouir et remettez-la symboliquement entre les mains de la déesse Maât : c'est elle qui, après avoir rétabli l'équilibre, vous inspirera la réponse.

Dévoiler les secrets avec Nephtys

Déesse de l'obscurité et des secrets, Nephtys apparaît dans bon nombre de papyrus magiques comme une divinité altruiste désireuse d'aider les mortels. Elle donnait le pouvoir au pharaon de voir « ce qui est caché au clair de lune ». En tant que déesse de la révélation, son aide peut donc être très précieuse pour laisser remonter à la surface de notre conscience certaines vérités cachées, secrets enfouis, et ainsi faciliter la résolution de blocages et de conflits intérieurs jusque-là inexplicables. Mais prenez garde : ne posez pas les questions dont vous craignez les réponses…

La pratique

Pour invoquer Nephtys et obtenir votre révélation, placez une fleur de lotus dans un calice rempli d'eau. Tout comme la fleur de lotus qui s'ouvre doucement, laissez les révélations éclore d'elles-mêmes dans votre esprit.

2

Découvrir les objets magiques de l'Égypte antique

LES GEMMES : MAGIE MINÉRALE ET POUVOIR ÉSOTÉRIQUE

Pierres sacrées de l'Égypte pharaonique

Grands connaisseurs des vertus et des bienfaits des minéraux, les Égyptiens de l'Antiquité considéraient certaines pierres semi-précieuses comme sacrées. Pour eux, les gemmes les plus fines étaient d'émanation divine, et de nombreuses croyances étaient associées à chaque type de métal et de pierre, comme la turquoise, dont le bleu symbolisait la couleur du Nil, origine de toute vie. D'autres, comme la cornaline, dont le rouge vif évoque le lever et le coucher du soleil et la rattache spirituellement au dieu Rê, étaient même considérées comme de véritables pierres précieuses. D'un bleu profond évoquant la voûte céleste et les abysses, le lapis-lazuli tenait la place qu'occupe aujourd'hui le diamant : elle était la pierre précieuse par excellence. Sa valeur, à l'époque, dépassait vraisemblablement celle de l'or. Ce ne sont cependant pas les seules gemmes à avoir séduit les Égyptiens : le jaspe, l'œil-de-tigre, l'aventurine, l'améthyste ou encore le cristal de roche étaient également très prisés. Ces pierres sacrées étaient appréciées pour leur splendeur naturelle, mais elles entraient aussi dans la composition de certains produits et la fabrication d'objets magiques. Le lapis-lazuli en est la meilleure illustration : il était employé dans la fabrication de bijoux, d'amulettes, de talismans, mais également dans l'élaboration de cosmétiques et de pigments colorants d'une qualité incomparable. Les prêtres et prêtresses de l'Égypte antique paraient leurs corps de nombreux bijoux incrustés de pierres précieuses afin d'en tirer force et pouvoir.

Parmi les matières qui entraient dans la fabrication de ces bijoux magiques, l'or avait un statut particulier, une dimension symbolique propre à la civilisation égyptienne. Le caractère inaltérable de ce métal, qui renvoyait à l'idée d'éternité, introduisait pour les Égyptiens une relation au divin, et c'est pour cette raison qu'ils le vénéraient et le considéraient comme la chair des dieux. Sa couleur, qui a donné son nom à une nuance de jaune, le « jaune d'or » ou *khenet*, ajoute aussi à sa valeur métaphorique, évoquant irrésistiblement sous l'effet de la moindre source lumineuse, l'éclat de Rê, le dieu solaire. Dans le *Livre des morts*, le célèbre hymne à Rê révèle le lien profond entre l'éclat du métal doré et l'essence lumineuse du dieu primordial. Dans le culte d'Isis, l'or représente la régénération : la déesse renouvelle symboliquement l'énergie vitale de l'initié grâce à « l'or qu'il a en lui-même ». Cette illumination visible sur le visage du fidèle provoque alors une renaissance spirituelle et il redevient « un jeune garçon né à nouveau », ce qui évoque pour certains une des allusions les plus anciennes au concept de transmutation alchimique. Parmi les gemmes les plus prisées de l'Égypte ancienne, nous retrouvons de nombreuses variétés de pierres semi-précieuses.

- L'améthyste est une variété de quartz violette fréquemment utilisée dans les bijoux funéraires égyptiens. Pierre de pluie, elle était également déposée dans le lit du Nil lors des périodes de sécheresse.
- L'aventurine verte est un quartz joliment pailleté de soleil. Cette pluie de petits éclats dorés fait tout le charme de ce minéral, appelé « astérie » ou « pierre étoilée » dans l'Égypte antique, car « on y voit la figure de toutes les étoiles ».
- Pierre très recherchée par les artisans durant l'Antiquité égyptienne, qui laissèrent derrière eux de très grandes et belles pièces taillées et polies, la calcédoine était utilisée dans la fabrication de bijoux et d'amulettes. Ces dernières représentaient le scarabée sacré qui, substitué au cœur du défunt durant les rituels funéraires, symbolisait renaissance et transformation.

Pierre de la famille des quartz, l'agate est une variété de calcédoine rubanée aux nuances très variées. Présente dès l'Antiquité dans de nombreuses régions du monde, en Égypte et en Mésopotamie, on en faisait des parures, des objets ornementaux comme des jarres, ou encore des objets cultuels.

La cornaline est une pierre semi-précieuse qui doit son nom à la cornouille, fruit du cornouiller, dont elle partage la couleur rouge sang, symbole de vitalité. Dans l'Égypte ancienne, la cornaline était utilisée par la déesse Isis pour accompagner les défunts dans leur voyage vers l'au-delà. Les Égyptiens lui attribuaient des vertus protectrices et elle était fréquemment sertie dans les coiffes sacrées parmi d'autres pierres comme l'émeraude, le lapis-lazuli et la turquoise. Elle était utilisée à des fins curatives naturelles dans la médecine égyptienne : pour faire bénéficier pleinement de ses vertus, elle devait être lisse et d'un carmin évoquant la chair et la vie. De nombreux objets sacrés étaient incrustés de cette pierre, comme le faucon d'Horus ou encore le bélier d'Amon. Depuis l'Égypte antique, on attribue de nombreuses vertus à cette gemme, qui permettrait de participer au bien-être psychologique et physique. De la couleur de l'astre solaire à l'aube et au crépuscule, elle est la pierre qui, sous forme d'un disque, couronne les divinités Rê, Isis, Horus et Hathor, et composa, plus tard, l'auréole qui coiffa Bouddha, le Christ et les saints. Un des plus fabuleux témoignages de l'usage de la cornaline par les artistes de l'Égypte antique est le pectoral de Toutânkhamon, qui peut être admiré au musée du Caire.

𓂀 L'hématite rouge vif est une pierre cristalline. Les Égyptiens la classaient parmi les pierres précieuses et recherchaient les plus beaux cristaux jusque dans les mines de Nubie. Ils lui prêtaient des vertus curatives : en effet, la pierre hématite, avec sa couleur rouge, était principalement utilisée pour soigner les affections liées au sang, à la cicatrisation et à la régénération des cellules. Baignée dans de l'eau, l'hématite teint cette dernière en rouge. Elle était également utilisée pour la conception de cosmétiques, notamment de rouge à lèvres et de fards à joues : des miroirs constitués de cristaux polis d'une taille remarquable étaient employés par les riches Égyptiennes pour colorer parfaitement leurs lèvres d'ocre rouge. L'hématite est une pierre de guérison appréciée pour son effet tonifiant et apaisant. Elle peut également aider à renforcer l'effet des autres pierres.

𓂀 Dans l'Égypte ancienne, le jade était admiré et considéré comme la pierre de l'amour, de la paix intérieure, de l'harmonie et de l'équilibre. La couleur verte symbolisait, pour les Égyptiens, la jeunesse, la santé et toute forme de renaissance. Très prisée en joaillerie, cette pierre semi-précieuse d'un vert plus ou moins profond est également très appréciée en Chine, où elle est utilisée pour la fabrication d'objets d'art (vases, statuettes) et d'ornementation (mobilier).

Le jaspe rouge était une pierre très fréquemment utilisée par les anciens Égyptiens, notamment dans les cultes liés à la déesse Isis et aux rituels de fécondité. En effet, la couleur du jaspe rouge représente le sang menstruel d'Isis. La pierre jaspe est reconnue pour son énergie puissante, notamment autour de la procréation, facilitant l'accouchement et diminuant le risque d'hémorragie. Des vertus protectrices lui étaient attribuées : de nombreuses amulettes de protection étaient sculptées dans ce minerai (des amulettes représentant des scarabées durant les rituels funéraires, des amulettes à têtes de cobras pour protéger des morsures, ou encore des amulettes de protection contre la sorcellerie). Cette pierre évoque le tempérament guerrier qui réside en chacun de nous et se révèle idéale pour trouver l'énergie de concrétiser un projet. Elle est également apte à stimuler la volonté et à donner le courage d'affronter les difficultés et de surmonter les épreuves de l'existence.

Variété de quartz incolore, le cristal de roche est la pierre par excellence des obélisques, ces monuments monolithes spectaculaires utilisés dans l'architecture sacrée de l'Égypte antique. Symbole du lien entre le terrestre et le céleste, la forme verticale de l'obélisque représentait l'âme qui s'élève vers le ciel après la mort. Utilisé notamment pour les pendules égyptiens, le cristal de roche a des propriétés réceptrices, émettrices et amplificatrices : il permet de travailler l'énergie, de la transformer et de la retransmettre. Pierre purificatrice et lumineuse, elle permet de développer l'imagination et les qualités psychiques telles que la visualisation, la méditation, l'intuition ou encore la concentration.

Exploitée depuis la nuit des temps dans les mines de cuivre des terres arides du Moyen-Orient, la malachite fascine par son relief marqué et sa couleur vert forêt. Chez les Égyptiens anciens, les pierres de couleur verte symbolisaient la renaissance et la fertilité. Utilisée également pour ses vertus cosmétiques, les riches Égyptiennes utilisaient volontiers ses pigments pour embellir leurs yeux : ce fard à paupières, alors appelé *mesdemet* (qui signifie « rendre les yeux expressifs »), est aujourd'hui couramment connu sous le nom de « khôl » et a la particularité de guérir les infections oculaires. Hathor, déesse de la fertilité, « maîtresse de la turquoise, du lapis-lazuli et de la malachite », est intimement liée à cette dernière. Elle exalte la vie sous toutes ses apparences et protège indifféremment les hommes, les animaux et les plantes. Le temple de Sarabit al-Khadim, un site minier de la région du Sinaï (gisement de turquoise, de lapis-lazuli et de malachite), lui est consacré. Taouret, divinité hybride d'hippopotame et de femme, puissance tutélaire de la maternité, est également placée sous le signe de la malachite et prend sous sa protection les femmes enceintes, les accouchements et les mères allaitantes.

𓂀 Gemme rare et d'une grande beauté, la turquoise a toujours été considérée comme le symbole de l'abondance et du prestige. Les parures funéraires de Ramsès et de Toutânkhamon en étaient incrustées. Liée à Hathor, divinité bienveillante qui protégeait les femmes, la turquoise présidait à tout ce qui concernait la beauté féminine : ornements, maquillage et bijoux. La turquoise permet d'établir une connexion avec le monde spirituel. Elle amène à mieux se comprendre, à contrôler les pensées négatives et à découvrir son véritable potentiel.

𓂀 Le tigre, fauve puissant au regard pailleté d'or, prête son nom à cette pierre hypnotique. Gemme chatoyante reconnaissable à son éclat mordoré, l'œil-de-tigre a la réputation d'éloigner tous les dangers. On y associe des vertus protectrices et bienfaisantes. Formant un véritable bouclier protecteur qui repousse toutes les menaces, elle protège du mauvais sort en retournant les énergies négatives vers leur émetteur. Cette gemme protège contre les sortilèges et les maléfices.

𓂀 L'œil-de-faucon est une pierre très similaire à l'œil-de-tigre, allant du bleuâtre au verdâtre. Comme pour l'œil de Rê dans l'Égypte ancienne, « l'œil qui voit tout », rien n'échappe au regard perçant de ces pierres.

L'émeraude est connue depuis l'Antiquité égyptienne la plus lointaine : il y a cinq mille ans, les Égyptiens puisaient ces gemmes magnifiques dans leurs mines d'émeraudes pour fabriquer des joyaux raffinés destinés à l'aristocratie. Le gisement de Djebel Zabarah, aussi appelé « mines de Cléopâtre », fut ainsi nommé en raison de la séduction qu'exerçaient ces gemmes d'un vert profond sur l'illustre reine égyptienne. Fière de son profil parfait, la souveraine offrait d'ailleurs à ses fidèles des bijoux en émeraude à son effigie. Pierre d'amour et d'harmonie, l'émeraude est utilisée pour trouver l'équilibre au sein des relations et dans la vie quotidienne. Pierre de connaissance, elle facilite l'apprentissage et apporte sagesse et paix intérieure.

Utilisé depuis plus de sept mille ans, le lapis-lazuli est l'une des roches les plus prisées, à la fois en minéralogie et en joaillerie. Pierre sacrée des pharaons, le lapis-lazuli règne en maître sur toutes les autres pierres d'Égypte. Considérée comme la pierre de l'âme des dieux, son bleu intense constellé d'étoiles dorées évoque la voûte céleste et les hautes puissances divines. Gage de puissance politique, spirituelle et religieuse, les pharaons la faisaient tailler en amulettes pour montrer leur connexion aux dieux et à l'immortalité. On l'emploie dès lors pour fabriquer une multitude d'objets de valeur (statuettes, sceaux, amulettes) et on lui prête de puissants pouvoirs : elle permettrait à son porteur de se protéger des forces du mal, et symbolise pureté et perfection. Les pupilles de la statue d'Ebih-II, exposée au musée du Louvre de Paris, ont été incrustées de lapis-lazuli. Le masque d'or funéraire de Toutânkhamon, pièce la plus grandiose du trésor, est également serti de lapis-lazuli. Cette pierre permettrait, encore aujourd'hui, d'améliorer l'intuition et d'apporter la sagesse. Amon le caché, dieu primordial du panthéon, est souvent représenté sous l'apparence d'un homme à la peau bleue, car sa chair était faite de lapis-lazuli, la pierre de la magie.

LES AMULETTES :
héritages d'un patrimoine spirituel et artistique

Pierres de vie : des amulettes pour les vivants

La magie est au centre de l'existence des Égyptiens : initiés au sein des Maisons de Vie, les prêtres et les pharaons sont, à l'origine, les uniques dépositaires de cette connaissance. Les prêtres exercent leur magie dans diverses circonstances : élaboration de remèdes thérapeutiques, rites mortuaires, échanges avec l'au-delà et les divinités, ainsi que divers rituels magiques curatifs. Pour l'accomplissement de ces tâches, ils ont recours aux amulettes et talismans dont la création nécessite métaux et pierres précieuses. L'Égypte, étroit ruban de terre verdoyant qui enserre le Nil, comme un mirage au milieu d'un désert aride, ne doit sa prospérité qu'au limon, offrande annuelle du fleuve nourricier, ainsi qu'à sa richesse en métaux et en minéraux précieux qui proviennent essentiellement du Sinaï et de la Haute-Égypte. La turquoise, la cornaline, le jaspe, et surtout le lapis-lazuli, possèdent, pour les Égyptiens, de puissants pouvoirs et sont donc l'objet d'un commerce intense de la part des artisans, qui fabriquent des amulettes, bijoux et talismans, éléments constituant une panoplie protectrice en ce monde aussi bien que dans l'au-delà.

Le scarabée sacré

Le scarabée, attribut de Khépri, dieu du soleil levant, symbolise la résurrection et la perpétuelle transformation de l'existence. Porteuse d'espoir, chargée de forces vitales et propice au renouvellement, cette amulette est particulièrement bénéfique pour les vivants. Tous les Égyptiens, du paysan ordinaire au prêtre, portaient des scarabées sacrés. C'est pourquoi ils apparaissent sous de nombreuses formes dans la culture égyptienne. Souvent fabriquée à partir de cornaline, de jaspe, de jade ou de lapis-lazuli, cette amulette communique aux vivants le souffle vital dont elle est magiquement chargée.

L'œil Oudjat

En turquoise, en lapis-lazuli, en agate, en jaspe rouge ou encore en cornaline, l'œil Oudjat, aussi appelé « œil d'Horus » ou encore « œil de faucon », comme la pierre du même nom, est l'amulette égyptienne par excellence. Symbole solaire qui incarne l'ordre, la stabilité et la permanence, l'œil d'Horus représente un œil qui voit tout et est associé à la capacité de renaissance. Amulette protectrice d'une grande puissance, elle favorise la guérison et les dons de divination, et préserve des accidents et du mauvais œil, ce qui en fait un porte-bonheur idéal !

Le pilier Djed

Avec l'œil Oudjat et la croix ankh, le pilier Djed est l'un des symboles les plus emblématiques de l'Égypte ancienne. Reconnaissable immédiatement à sa forme, le pilier Djed n'en demeure pas moins obscur quant à ses fonctions et à son origine. L'érection d'un pilier Djed symbolisant la stabilité du royaume d'Égypte et la résurrection d'Osiris se déroulait lors de certaines cérémonies. On pense que ce monument pourrait représenter l'épine dorsale du dieu Osiris, ou qu'il serait un fétiche de la préhistoire qui jouait un rôle dans les rites agricoles.

L'amulette ouadj

Retrouvée dans les tombeaux de la vallée des Rois, l'amulette ouadj est à l'origine du pendule égyptien. En forme de tige de papyrus, symbole de fertilité, elle apporte renaissance, vigueur et jeunesse éternelle à son possesseur. Originellement composée de faïence et d'émail, on suppose qu'elle était portée en talisman autour du cou et accrochée dans les foyers pour protéger leurs habitants. D'autres sources affirment qu'elle aurait été portée par les marins égyptiens comme outil de protection, mais aussi comme instrument de navigation. Les pendules égyptiens ont gardé cette forme spécifique allongée, mais leur précision, les détails, et la qualité des matériaux utilisés (en serpentine, en turquoise...), en font des objets d'art à part entière, très prisés des marchands d'art.

Le nœud d'Isis

Le tyet, aussi connu sous le nom de « nœud d'Isis », est une boucle représentant la régénération féminine, généralement sculptée dans de la cornaline ou du jaspe rouge. Le tyet est une représentation stylisée des organes génitaux de la déesse et de son sang créateur, qui assure fertilité et protection à celui qui la porte. Depuis toujours pour les anciens Égyptiens, le nœud d'Isis, vecteur d'énergie, représente le lien physique qui relie les êtres humains aux diverses dimensions de la réalité. Le nœud est à leurs yeux un puissant symbole magique. C'est pour cette raison qu'Isis redonne vie à Osiris par le biais de nœuds sur un cordon. Le nœud d'Isis rappelle la croix ankh dont « les bras » auraient été plaqués, comme dans une silhouette humaine, le long du corps.

L'uræus

L'uræus est une figuration de la déesse Ouadjet : représentant un cobra dressé et menaçant, il ornait le pschent[3] du pharaon, seule personne ayant le privilège de porter ce symbole de protection. Dans le bestiaire magique de l'Égypte, le serpent qui renouvelle sa peau après chaque mue était l'emblème de la résurrection.

Pierres du royaume des morts : des amulettes pour les défunts

Les amulettes tenaient un rôle essentiel dans les rites funéraires de l'Égypte ancienne : en effet, ces précieux talismans n'étaient pas seulement considérés comme des bijoux pour embellir les vivants, mais aussi pour orner les morts et les accompagner vers l'au-delà. Glissés entre les bandelettes de la momie, ces petits objets sacrés aidaient à guider le défunt vers le royaume des morts et à conserver son intégrité corporelle, tout en mettant son corps à l'abri de la dégradation et des dangers rencontrés lors de son périple (voir p. 161). En or, en bronze, en turquoise ou en pâte de verre, ces amulettes façonnées à l'effigie des dieux permettaient aux défunts de jouir de leurs pouvoirs dans l'au-delà.

---

3. Le « pschent » est le nom de la double couronne portée par les pharaons.

Parmi les amulettes précédemment citées pour leurs bienfaits dans le monde des vivants, certaines présentaient également d'extraordinaires vertus dans l'au-delà. C'était le cas :

- de l'œil d'Horus, l'œil Oudjat, qui symbolisait la résurrection et le triomphe de la vie sur la mort. Lors de l'embaumement, on utilisait un œil sacré de jaspe rouge pour permettre au défunt de conserver son enveloppe corporelle intacte. Symbole universel de protection, il permettait d'écarter les dangers lors du voyage du défunt vers l'au-delà ;
- du scarabée Khépri et du cœur *ib*, symboles de renaissance perpétuelle. Lors des rites funéraires égyptiens, on remplaçait le cœur du défunt par l'une ou l'autre de ces amulettes. Afin de déclencher la puissance du scarabée, les officiants psalmodiaient les versets sacrés du *Livre des morts*, puis un prêtre effectuait sur le défunt la cérémonie de l'ouverture de la bouche. Enfin, lors de la comparution du trépassé devant Osiris, qui veille à la pesée l'âme, le scarabée Khépri ou le cœur *ib* avaient le pouvoir de rendre compte des actes du mort en se substituant au cœur absent ;
- de la colonnette ouadj, figure du renouveau et de la résurrection, qui assistait le défunt dans la préservation de son corps physique lors de son voyage dans l'au-delà ;

- du nœud d'Isis, l'amulette attachée au cou du défunt lors de la momification, promesse de renouveau et gage de sauvegarde par la déesse dans l'au-delà. L'amulette était source de pouvoir après invocation auprès de la déesse.

Les rituels funéraires réclamaient aussi des amulettes spécifiques. En voici trois exemples :

- l'oiseau *Bâ* (un oiseau à tête d'homme) était une amulette sertie de cornaline, de turquoise et de lapis-lazuli qui accordait le pouvoir au défunt d'échapper à son corps physique, de s'extraire de sa tombe pour sortir au grand jour et d'entamer une ascension vers la voûte céleste ;
- le *pesech-kaf*, (figuré par une double plume), qui symbolise l'outil dédié à l'ouverture de la bouche. Cette amulette en jaspe rouge accordait au défunt le pouvoir de garder ses fonctions vitales dans le royaume des morts, pouvant ainsi respirer, manger et conserver la vue et l'ouïe ;
- d'autres amulettes figurées par des poissons étaient présentes sur le défunt afin de favoriser la restauration de son corps physique.

Créer sa propre amulette rituelle

L'ankh constitue sans doute le plus emblématique des symboles égyptiens : garantissant la vie éternelle, elle était tenue en main par le défunt durant la pesée du cœur, lui ouvrant, par son pouvoir, les portes de la vie éternelle. Encore très répandue aujourd'hui et bénéficiant d'une forte aura positive, elle est réputée pour assurer santé et prospérité à son porteur. Très semblable à la croix chrétienne que nous connaissons, elle se différencie par sa partie supérieure formant une boucle : une anse qui représente l'eau s'infiltrant dans la vallée fertile du Nil. La croix ankh est un instrument de puissance porté par les dieux eux-mêmes. Elle symbolise à elle seule toute la magie de l'Égypte : si vous la tenez en main comme les dieux le faisaient, elle potentialisera votre magnétisme personnel. Dans les mains d'Anubis, elle devient une clé qui ouvre les portes du royaume des morts ; entre les vôtres, elle sera la clé qui favorisera l'accès au monde de l'invisible, et renforcera le lien avec l'énergie divine. Symbole rituel d'une puissance remarquable, il est aussi possible de la porter sur soi, comme porte-bonheur, recevant ainsi la bénédiction de la vie elle-même et, jour après jour, stimulé par son contact étroit, d'agir en pleine conscience, en apportant au monde lumière et bienveillance.

Nous vous proposons maintenant de vous guider dans la création d'une amulette ankh, qui vous sera intimement et spirituellement liée car elle naîtra de vos mains et de votre esprit. Pour sa fabrication, du fil de cuivre et de l'argile bleue suffiront, ces deux matériaux étant en relation symbolique avec l'Égypte. Dans l'Égypte ancienne, l'utilisation des argiles était coutumière. En raison de ses propriétés purifiantes, absorbantes et assainissantes, les Égyptiens utilisaient cette fameuse « boue du Nil » pour la momification des corps et bien d'autres pratiques. L'argile, élément terrestre, entrera évidemment en résonance avec les dieux Geb et Hâpy.

Pour désigner le mot « cuivre » en hiéroglyphes, les Égyptiens utilisaient l'idéogramme « ankh ». Ce dernier représentait également la vie éternelle et soulignait donc la longévité du cuivre. C'est pour cette raison qu'il représente un matériau idéal pour la création d'une amulette ankh.

Découpez quatre brins de fil de cuivre et torsadez-les par deux. Assemblez les brins torsadés pour en faire une croix. Rabattez la partie supérieure sur la partie verticale de la croix. Avec d'autres brins torsadés, fabriquez une boucle de forme ovale qui sera attachée au croisement de la partie horizontale et de la partie verticale de la croix avec du fil de cuivre supplémentaire : vous aurez ainsi l'ossature de votre croix ankh. En manipulant le cuivre, vous l'aurez chargé de votre magnétisme. En l'assemblant, veillez à laisser monter toute votre énergie vitale en vous et visualisez-la imprégnant le métal.

Façonnez maintenant l'argile autour de l'ossature de cuivre en veillant à ce que l'épaisseur soit la même partout, habillant ainsi la croix ankh de sa chair. Pendant cette opération, laissez-vous aller, soyez en harmonie avec la douceur et le soyeux du matériau, l'argile étant réputée pour conduire les énergies et entrer en résonance avec l'esprit.

Votre création achevée, déposez-la délicatement sur votre autel, laissez-la reposer trois jours en prononçant pendant trois soirs de suite la formule suivante : « Ô dieux de l'Ennéade, dont la puissance et l'énergie inondent l'Univers, je m'adresse à vous. Atoum-Rê, Shou, Tefnout, Geb, Nout et leurs enfants, Isis et Osiris, Nephtys et Seth, que votre force sacrée imprègne cette ankh. »

L'amulette pourra vous servir comme instrument rituel (voir p. 71). Elle constituera une clé qui permettra de vivifier vos souhaits.

LES INSTRUMENTS ET OUTILS MAGIQUES

Voici les instruments et objets magiques les plus couramment utilisés et qui vous seront utiles dans votre pratique de la magie égyptienne.

Le corps de substitution

Le corps de substitution désigne une figurine magique, généralement faite d'argile, de bois, de cire ou de pierre. Ces corps de substitution, animés et chargés de vie, pouvaient représenter des artisans ou des serviteurs, placés dans la tombe pour y exercer éternellement leur fonction ou pour accompagner leurs maîtres dans une servitude inaltérable. Dans certains cas, ces corps subsidiaires pouvaient être le support de forces agressives : ils pouvaient être brûlés, fondus ou brisés. Ce n'est évidemment pas le genre d'usage que nous souhaitons en faire aujourd'hui, mais cela démontre toutes les croyances des Égyptiens, qui pensaient pouvoir construire le divin en images.

Le sceptre

Élément clé de la mythologie égyptienne, le sceptre représente la puissance magique divine et, à ce titre, il ne peut être porté que par le pharaon. Symbole d'autorité sur le royaume temporel et spirituel, le sceptre est un attribut commun à Osiris et au souverain égyptien. Il en existe différents types, aux fonctions variées :

- la houlette, emblème de pouvoir, devient entre les mains du pharaon une figure allégorique du berger, guide et protecteur de ses sujets. Cette image renvoie aux pratiques pastorales des sociétés du pourtour méditerranéen ;
- le fléau est une représentation très fidèle de l'outil dont le fellah égyptien se servait pour battre les céréales. Entre les mains du pharaon, il devient un emblème de pouvoir souverain.

La houlette et le fléau sont des métaphores du pouvoir absolu et de l'autorité suprême, mais aussi de la puissance protectrice, dispensatrice de sécurité et d'abondance. Il existe une iconographie très riche représentant la houlette et le fléau, qui sera source d'inspiration pour la fabrication de répliques plus ou moins élaborées de ces deux instruments, le plus important pour l'aspirant magicien étant le respect des couleurs : le jaune d'or pour la houlette, ainsi que l'or allié au bleu lapis-lazuli pour le fléau.

Le sistre

Le sistre est sans doute l'instrument de musique le plus lié à l'Égypte ancienne : en tant qu'instrument rituel, il ponctue et rythme les danses et cérémonies sacrées dédiées aux déesses Bastet et Hathor. En plus d'inviter à la danse, le tintement du sistre est chargé de vertus magiques : il est capable d'apaiser la colère des dieux et d'agir contre le mauvais sort en éloignant les esprits malins.

L'athamé

Dague rituelle, l'athamé est le réceptacle des énergies magiques récoltées lors des cérémonies. L'athamé permet de tracer des cercles magiques, mais aussi de rompre les forces maléfiques et de se défaire des liens invisibles néfastes. Prolongement de sa main de pouvoir, il représente symboliquement la puissance magique du sorcier.

La coupe ou le calice

Dans les travaux magiques, la coupe (ou le calice) est reliée à l'élément eau et, plus symboliquement, elle représente l'utérus féminin, le principe de fécondité et la matrice de la Terre-Mère. La coupe est utilisée pour préparer des boissons à destination des dieux. De préférence en matière naturelle (grès, métal), elle doit contenir de l'eau pure et claire lors des rituels.

L'ANKH SACRÉE : attirer abondance et protection grâce à cet ancien symbole de vie éternelle

Rituel pour retrouver les faveurs du destin

La croix ankh, associée à l'eau du Nil, fleuve déifié sous le nom d'Hâpy, dieu de l'abondance et de la prospérité, vous permettra de focaliser les énergies positives et d'être réceptif aux opportunités de la vie. Ce rituel fait appel aux influences de l'astre lunaire et est à réaliser de préférence à la tombée de la nuit, au moment du passage de la nouvelle lune à la lune croissante.

Objets nécessaires au rituel

- Une croix ankh.
- Deux bougies à la cire d'abeille de couleur verte.
- Une coupe d'eau du Nil.
- Une huile de consécration (huile de myrrhe ou toute autre huile parfumée).

Recette d'eau du Nil

Posez une coupe d'eau sur l'autel, ajoutez-y quelques gouttes d'huiles essentielles de lotus et d'orange, puis récitez la formule suivante :

« Par la grâce d'Hâpy, que cette eau soit sacralisée et soit à l'image des flots fertiles du Nil. »

Le rituel

Oignez les bougies avec l'huile de consécration en récitant cette formule, extraite de l'*Hymne au Nil*, qui loue les bienfaits du fleuve nourricier :

« Toi qui fais verdir les deux rives,
Toi qui fais vivre hommes et troupeaux,
Sois vert et tu viendras,
Sois vert et tu viendras,
Hâpy, sois vert et tu viendras ! »

Puis, en tenant verticalement la croix ankh entre vos mains, au-dessus de la coupe d'eau, prononcez cette formule à voix haute à trois reprises :

« Toi qui nourris en secret et donnes des biens aux démunis,
Chacun boit de ton eau,
Toi qui viens chargé de richesses,
Toi qui donnes au-delà de ta beauté,
Accorde-moi tes faveurs. »

La coupe d'eau du Nil constitue une offrande au dieu Hâpy et doit, pour lui profiter pleinement, rester sur l'autel jusqu'à évaporation. Cette pratique, qui allie la puissance de la croix ankh à l'énergie bienfaitrice du Nil, constitue un rituel idéal pour attirer l'énergie de la prospérité dans votre vie.

Rituel pour retrouver équilibre et énergie

Ce rituel fait appel au symbole de la croix ankh et à l'énergie du *Ka*. Souvent représentée entre les mains des divinités sur les bas-reliefs égyptiens, la croix de vie était reconnue pour son pouvoir vivifiant. Le *Ka* est un principe primordial dans la pensée égyptienne : il est le symbole de l'énergie vitale, l'énergie naturelle transmise par Rê, qu'il nous accorde lorsque nous nous exposons à ses rayons. Ce principe est représenté par une position particulière du corps, la posture du *Ka*, qui permet, les mains levées vers le ciel, de mieux recevoir les énergies solaires. Prendre le temps de vous relaxer en vous exposant aux rayons de Rê vous permettra de faire face à une journée active. Ce rituel est à accomplir de préférence le matin devant une ouverture orientée à l'est, face au soleil levant.

Objets nécessaires au rituel

- Une croix ankh.
- Une coupe d'eau pure.
- Un bâtonnet d'oliban.

Posez la croix ankh debout au milieu de l'autel. Disposez la coupe et l'encens respectivement à droite et à gauche de la croix. Allumez le bâtonnet d'encens et entamez le rituel.

Adoptez la position du *Ka*, un genou à terre ou bien assis, face à votre autel et au soleil. Fixez la croix ankh, puis fermez les yeux en visualisant le plus fidèlement possible son image. Laissez votre esprit se détendre et votre corps baigner dans les rayons du soleil. Évadez-vous quelques minutes, léger comme la plume de Maât. Libérez-vous de toute pensée négative, puis prononcez à voix haute cette formule :

« J'offre de l'eau fraîche à Maât, l'équilibre
et l'harmonie de l'Univers,

J'offre de l'encens à Rê, dispensateur de vie.

Maât, reçois cette offrande et éveille
en moi la paix et l'harmonie,

Rê le puissant, reçois cette offrande
et apporte-moi force et vitalité. »

C'est redynamisé et apaisé que vous pourrez ainsi commencer votre journée sous le signe de Rê.

Rituel du changement

Isis, la maîtresse des éléments, médiatrice entre les hommes et les dieux, accompagne le nouveau-né comme le mort dans ses transformations, jusqu'au seuil d'une vie nouvelle. Tour à tour Déméter, Aphrodite, et figure emblématique de la mère annonçant la Vierge Marie, elle fut elle-même l'objet de nombreuses métamorphoses. Divinité souveraine qui a su traverser le temps sous de multiples formes, elle porte en elle le pouvoir de vous aider à changer votre vie. Isis accordera le pouvoir de transformation à ceux qui sauront se livrer à l'introspection, car la magie demande d'abord de se connaître soi-même.

Objets nécessaires au rituel

- Une cornaline purifiée et consacrée pour se placer sous la protection du sang d'Isis.
- Une croix ankh.
- Quatre objets représentant les quatre éléments : un bâtonnet d'oliban (air), une bougie (feu), une coupelle d'eau (eau), une coupelle de sable (terre).
- Une petite bourse de lin blanc.

Purification et consécration de la cornaline

Avant d'accomplir votre rituel, prenez soin de purifier et de consacrer votre cornaline. Déposez votre gemme dans une coupelle d'eau de source ou sur un lit de gros sel pendant plusieurs heures, puis disposez-la au centre de votre autel pendant une journée. Pour consacrer la cornaline, gardez-la au creux de votre main et prononcez la formule qui suit.

« En ton nom, Isis, je consacre cette cornaline issue de ton sang, qu'en cette pierre dès à présent sacrée s'éveille ta magie. »

Le rituel

Afin de créer un espace propice au rituel, disposez sur le sol les symboles des quatre éléments orientés selon les points cardinaux : au nord, la bougie (feu), au sud, la coupelle d'eau (eau), à l'est, le sable (terre) et à l'ouest, le bâtonnet d'oliban (air). Placez-vous au milieu de cet espace, face au sud, en tenant la cornaline dans votre main ouverte. Laissez votre esprit se libérer pendant quelques minutes, sans provoquer la moindre pensée, puis invoquez la déesse :

« Isis, maîtresse des éléments,
Que cette eau reçoive ton âme,
Que cette terre reçoive ton corps,
Que cet air reçoive ton souffle,
Que ce feu reçoive ton esprit. »

La cornaline étant au centre des éléments, elle jouera le rôle de catalyseur de la transformation. Il sera alors temps de formuler votre désir de changement :

« Par la puissance des quatre éléments, que la magie d'Isis se manifeste et qu'elle transforme en moi [nommez l'objet de la transformation]. »

Dans votre esprit, associez l'objet de la transformation à la cornaline, puis repliez votre main sur elle. La pierre est ainsi imprégnée de la magie d'Isis et chargée par votre volonté de changement. Déposez la cornaline et la croix ankh dans la bourse, puis refermez cette dernière.

Pour clore le rituel, faites une offrande à Isis : la déesse apprécie particulièrement les libations (de l'eau, du lait, du vin, du miel), les fleurs (le lotus ou toute autre fleur blanche – jasmin, lys, rose blanche – lui plairont) ou encore les bijoux. La bourse devra être portée pendant 30 jours pour que le sort agisse ; la cornaline pourra ensuite être réutilisée après purification.

3

Mieux comprendre sa vie grâce à l'art ancestral de l'astrologie

LE CALENDRIER ÉGYPTIEN : UN OUVRAGE D'ÉTERNITÉ

Le calendrier égyptien à l'origine du calendrier civil

Depuis l'aube de la civilisation, la voûte étoilée inspire rêves et interrogations métaphysiques à l'esprit humain. Les Égyptiens de l'Antiquité ont succombé, comme beaucoup avant et après eux, à la beauté du firmament, émerveillés sans doute par la splendeur et l'immensité de ce spectacle qui leur était offert nuit après nuit. Dans ce monde, encore à l'aube de l'histoire, aucun outil ni aucune théorie rationnelle ne pouvaient leur permettre de décrire et comprendre ces lumières inaccessibles qui éclairaient leurs ténèbres. Il était donc inévitable que les dieux, la magie et les mythes soient pour tous ces curieux, rêveurs en quête de réponses, les piliers de la merveilleuse histoire de l'Univers et des étoiles que constitue l'astronomie. Toutes les grandes civilisations antiques ont tenté d'inventer une science dévoilant les secrets du ciel, des astres et des constellations : l'Égypte n'a pas échappé à cette tentation et a fait de son astronomie une véritable fresque poétique hissée au rang de chef-d'œuvre.

Les dieux égyptiens incarnaient ainsi les astres et fondaient une cosmogonie empreinte de poésie et de magie : Sirius, la plus brillante étoile de l'hémisphère nord, devint Hathor, déesse de la beauté. Le soleil couchant fut incarné par Atoum, dieu primordial vénéré à Héliopolis et objet du plus ancien culte d'Égypte... Les prêtres égyptiens observaient attentivement les mouvements des astres, animés par une piété fervente, et consignaient leurs passages et leurs retours, ponctuant le temps des hommes dans une divine perfection. Ils construisaient autour du défilé de ces astres-dieux des cycles célestes qui symbolisaient à leurs yeux le cycle éternel des renaissances ; une croyance qui fut au cœur même de la religion et de l'astronomie de l'Égypte antique.

La plus évidente de ces révolutions qui rythment le temps est celle de l'astre solaire : au zénith, le Soleil est Rê, au sommet de sa puissance. Au crépuscule, il devient Atoum, le soleil couchant, qui déclinera jusqu'à disparaître dans le monde des ténèbres, pour mieux renaître le matin suivant, et à nouveau devenir Rê dans le monde des hommes. La destinée humaine était comparable au cycle de l'astre solaire avec la naissance, la vie, la mort et la renaissance. Le dieu soleil cadençait ainsi le temps des hommes, qu'il égrenait en jours.

Le cycle de Sirius était, dans l'astronomie égyptienne, tout aussi lourd de symboles, car la renaissance de l'étoile après soixante-dix jours d'invisibilité était annonciatrice du retour de la déesse Hathor. L'étoile Sirius réapparaissait un beau matin, dans la clarté et la transparence d'un ciel d'été. Les astronomes actuels nomment ce phénomène fugace et délicat à observer, le « lever héliaque de Sirius ». Cet événement était visible lors d'un jour bien déterminé de l'année, que les Égyptiens avaient adopté comme jour de l'an et qui était l'objet de festivités prestigieuses. Ces réjouissances consacraient l'union au disque ; les noces mystiques de la déesse Hathor avec Atoum, le père de tous les dieux, qui, de ses rayons crépusculaires, enluminait Sirius, lui insufflant ainsi sa puissance vitale pour l'année à venir. En Égypte, cet événement majeur tant pour l'astronomie que pour la religion coïncidait remarquablement avec la crue annuelle du Nil.

La vie même du peuple de la vallée était tributaire du fleuve nourricier. Chaque année, le fleuve débordait de son lit pour déposer son limon fertile sur les berges. La terre noire du Nil permettait aux cultures de croître et aux Égyptiens de bénéficier de récoltes abondantes. Perçue comme un véritable don du fleuve, cette crue, mystérieuse par sa régularité annuelle à la saison sèche, a toujours fasciné les Égyptiens, dont la vie était soumise au rythme imposé par ce phénomène merveilleux. Le calendrier fut donc naturellement calqué sur la crue du Nil, qui concordait miraculeusement avec le lever héliaque. L'année civile des Égyptiens fut donc divisée en trois saisons : la crue, lorsque le Nil débordait sur ses rives, les semailles, indiquant la période durant laquelle le Nil était revenu à son lit, et la récolte, période des moissons. Grâce à cette découverte précoce dans l'histoire de l'Égypte, les prêtres astronomes réalisèrent qu'une année était composée de 365 jours entiers. En parallèle, ils constatèrent que le lever héliaque de Sirius avançait d'un jour tous les quatre ans. Ils établirent ainsi un calendrier de 365 jours, fait d'une année de 360 jours divisée en 12 mois égaux de 30 jours, et d'une période sacrée supplémentaire de cinq jours dits « épagomènes ». Ces cinq jours étaient considérés comme particulièrement néfastes : les Égyptiens craignaient qu'à ce moment-là, le temps puisse s'arrêter.

Ouvrage d'éternité, le calendrier tel que nous le connaissons aujourd'hui n'est autre que l'héritage direct de l'Égypte antique et du savoir de ses prêtres astronomes. Inventant l'année civile et adoptant le calendrier lunaire, les Égyptiens ont été les premiers à faire naître le jour au lever du soleil, à la différence des autres civilisations anciennes, qui le faisaient débuter au crépuscule. Aucun calendrier n'a été employé aussi longuement que celui des Égyptiens, qui constitua le modèle fondateur de beaucoup d'autres (le calendrier julien, républicain, ou encore copte).

Les saisons égyptiennes : un guide de vie tout au long de l'année

Le calendrier égyptien recèle de précieux indices pour construire et vivre sa propre pratique spirituelle au quotidien, à son rythme, au fil de ses célébrations, de ses rites et des saisons. Ces croyances peuvent, encore aujourd'hui, être source d'inspiration et d'enseignements afin de consolider nos liens avec le divin et célébrer les neterou dans le même esprit que les Égyptiens. Le principe de Maât en tant que source de la création est partout : il nous suffit d'ouvrir notre cœur et nos sens à ses manifestations.

Le calendrier occidental tel que nous le connaissons aujourd'hui est principalement rythmé par les quatre saisons. Le calendrier égyptien, pour sa part, est constitué des trois saisons que nous connaissons : *Akhet*, la crue, qui débute l'année, *Peret*, les semailles, et *Shemou*, la récolte, temps d'abondance et de maturité qui signe aussi la fin de l'année. Ce calendrier fut établi par les Égyptiens en observant la nature et les forces qui la régissent, la puissance des neterou en action et leurs manifestations : les saisons portent d'ailleurs des noms évoquant les grands cycles du calendrier agricole, et les mois sont tous représentés par une divinité du panthéon égyptien.

Voici un calendrier qui résume les principales célébrations ponctuant le calendrier égyptien.

Akhet, la crue

Du 19 juillet au 15 novembre

Durant la saison d'*Akhet*, le Nil, puissant fleuve qui a vu naître l'Égypte, vagabondait hors de son lit et faisait l'offrande de son limon noir arraché aux lointains plateaux éthiopiens, marquant ainsi le début de l'année. Après des mois d'aridité, la vallée envahie par les eaux se reposait longuement et renouait avec la fertilité. Les fortes crues, loin d'effrayer les Égyptiens, les réjouissaient, car elles étaient la promesse de récoltes abondantes. Pour le peuple d'Égypte, *Akhet* était un moment propice à la régénération et à la restauration des forces spirituelles et physiques avant d'affronter l'éprouvante saison à venir. Le 19 juillet marquait le début de la nouvelle année et il était célébré avec faste dans tout le pays. Lors de la saison d'*Akhet*, de nombreux dieux étaient honorés : dès les premiers jours, la naissance de Rê était glorifiée, puis

Thot et sa parole étaient fêtés et des oracles étaient prononcés en son nom. Enfin, lorsque les eaux du Nil commençaient à se retirer, débutaient les mystères d'Osiris qui marquaient également une période cruciale dans le calendrier égyptien : en mettant en scène la résurrection d'Osiris, ils symbolisaient la vie éternelle, si chère aux Égyptiens anciens. Entre septembre et octobre, on célébrait également les fêtes de la fertilité liées aux divinités Hathor et Min avec des offrandes de lait. De somptueuses festivités en l'honneur de Bastet se déroulaient à Bubastis, pour célébrer le retour de la crue. Hommes, femmes et enfants, représentants de toutes les classes de la société, se rassemblaient par centaines de milliers dans la cité pour ces fêtes hautes en couleur et en musique. Aujourd'hui, *Akhet* correspond, pour nous comme pour le peuple des pharaons, à une période de repos. Nous pouvons la mettre à profit pour restaurer nos énergies mentales et physiques, aussi bien pendant les congés estivaux que pendant la période automnale. *Akhet* est un moment privilégié, où nous pouvons, à l'image des Égyptiens, célébrer Rê, Thot et Osiris.

Peret, les semailles

Du 16 novembre au 15 mars

Après de longs mois d'une union intime avec la vallée, le Nil rejoignait son lit et rendait aux hommes leur territoire, couvert d'une terre noire et féconde prête à faire fructifier la moindre graine. Libérée de l'étreinte du fleuve, labourée et semée, l'Égypte était comme un jardin renaissant, un lieu d'abondance où le travail accompli était pour tout un peuple une promesse de récompense au centuple. Une fois le temps de la culture et de la levée passé, le temps béni de la moisson suivait. Durant *Peret*, la fête de Rénénoutet, la « fête des greniers » et des prémices de la moisson, était célébrée. *Peret* peut aujourd'hui être associée à une période consacrée à la préparation, à la prise d'initiative, c'est le moment de s'investir dans des projets neufs, promesses de réussite. Vous pourrez profiter de cette période pour accomplir vos rituels destinés à Hâpy, afin d'attirer prospérité et abondance.

Shemou, la récolte

Du 16 mars au 13 juillet

Shemou, la troisième saison du calendrier, couronnait l'année ; elle était la dernière avant le renouvellement d'un cycle qui fonde la civilisation égyptienne, et se perpétue sans doute depuis des millions d'années. Le fleuve dieu, large et puissant, avait régné des mois sur la vallée, submergeant tout, puis avait déposé son offrande loin sur ses rives, avant de se retirer lentement, laissant au fil des mois la terre se parer de la blondeur des champs de blé et du vert tendre des plantations. C'est dans l'allégresse que le peuple récoltait le fruit de son travail, remplissant les silos et les entrepôts de tout le royaume. En cette période d'abondance, de nombreuses cérémonies se succédaient, émaillant les mois de *Shemou*. Lors des fêtes du mois Epiphi, les Égyptiens honoraient la déesse Mout, et durant le mois de Mésori, ils célébraient le solstice d'été. Au début de la moisson, une procession royale sortait le dieu de la fécondité, Min, de son temple, et la première gerbe de céréales récoltée était déposée dans les « temples de millions d'années » de la rive occidentale. Après la moisson, le pouvoir de Min était encore sollicité pour qu'il restaure la terre affaiblie par les cultures. Suite aux projets de *Peret*, *Shemou* est le temps de l'aboutissement, de la réussite, le moment de récolter le fruit de ses efforts et de son labeur. La période sera propice aux offrandes à Min, qui favorisera votre réussite.

DÉCOUVRIR SON SIGNE ASTROLOGIQUE ANTIQUE

Les Égyptiens sont à l'origine de l'un des plus anciens zodiaques connus, le zodiaque de Dendérah, découvert dans le temple d'Hathor. Ce système astral représente la voûte céleste et les douze constellations zodiacales qui sont à la source des signes astrologiques. L'astrologie égyptienne était initialement une pratique ésotérique réservée à un noyau d'initiés, et seul un cercle restreint d'individus, comme les prêtres et les pharaons, en connaissaient les mystères. C'est plus tardivement, au contact des Chaldéens, les plus grands astrologues du monde antique, que les Égyptiens élaborèrent une astrologie divinatoire qui sortit de l'ombre, bien qu'elle restât cependant le privilège des personnages puissants de l'époque, avides d'oracles leur offrant un éclairage sur leur destinée et leurs entreprises. Les douze mois du calendrier égyptien, divisés en trois décans de dix jours et associés aux dieux protecteurs et aux planètes du zodiaque, constituent l'essence de cette science plurimillénaire qui sait, encore aujourd'hui, guider les choix et mettre en lumière la nature humaine et spirituelle de chacun.

Nil

Du 1er au 7 janvier, du 19 au 28 juin, du 1er au 7 septembre et du 18 au 26 novembre

Dans la mythologie égyptienne, Hâpy est la personnification divine du Nil et l'incarnation des bienfaits qui lui sont liés : chaque année, le fleuve nourricier débordait de son lit pour fertiliser les terres arides d'Égypte. Symbole de la vie aquatique, Hâpy était vénéré pour ses crues annuelles dont dépendait la survie du peuple égyptien, qui était aussi bien menacé par les sécheresses que par les inondations. Représenté comme un homme au ventre rebondi et aux formes androgynes, dont la poitrine symbolise la fécondité, le dieu fleuve occupait un rôle prépondérant dans la vie des Égyptiens de l'Antiquité.

Les natifs du signe du Nil sont dotés d'une intelligence fine et d'une grande sensibilité spirituelle. Ils possèdent une excellente intuition qui les guide dans leur vie quotidienne : ils peuvent se fier à leur instinct qui les orientera vers des personnes bienveillantes et des relations saines. Dotés d'un puissant charisme, ils exercent une certaine fascination sur ceux qui les entourent. Tolérants et ouverts aux autres, ils sont capables de beaucoup d'empathie et d'écoute ; c'est donc naturellement que les gens se tournent vers eux dans les situations difficiles. Les personnes nées sous ce signe doivent toutefois être à l'écoute de leurs propres besoins et accepter l'aide des autres. C'est en recherchant cet équilibre entre le don de soi et la capacité à recevoir qu'ils connaîtront l'épanouissement. Avant tout généreux, à l'image du Nil fertile, ces natifs recherchent l'échange, le partage et la transmission : protecteurs avec leur entourage, leur affection et leur dévouement ne connaissent pas de limite. Comme le fleuve impulsif, les natifs du Nil, dotés d'une sensibilité à fleur de peau, sont influencés par leurs états émotionnels. Loyaux et dévoués, ils ont besoin d'une relation stable pour équilibrer leur vie et envisagent assez rapidement de fonder une famille. Avec le temps, cependant, ils commenceront à apprécier leur propre compagnie et à rechercher dans leur for intérieur les réponses fondamentales à leurs questionnements.

Le bleu profond amplifiera les qualités des femmes de ce signe, tandis que le rouge conviendra parfaitement aux hommes.

Les natifs du Nil s'entendent à merveille avec les signes Seth et Amon-Rê.

Thot

Du 1er au 19 avril et du 8 au 17 novembre

Seigneur de la Lune, dieu de la connaissance et de la parole, Thot est représenté sous la forme d'un homme à tête d'ibis ou, plus rarement, de babouin. Dépositaire d'un savoir infini, Thot est l'incarnation même de l'intelligence et du savoir.

Selon la légende, il aurait écrit le *Livre de Thot*, dans lequel seraient révélés tous les secrets permettant de maîtriser le monde matériel et le monde occulte. Depuis l'Antiquité, des savants tentent de trouver cet ouvrage mythique... Les natifs de ce signe ont donc naturellement hérité de cette soif de connaissances, cette quête de sagesse, ce besoin d'aller à l'essence même des choses : ils sont de véritables chercheurs de vérité. Dotés d'une grande empathie et de perspicacité, les Thot sont capables de sonder les âmes et de voir ce qu'il y a de bon en chacune d'elles. Certains pourraient posséder une véritable clairvoyance qu'ils devraient exploiter. Souffrant parfois de l'incompréhension de leurs proches, ils font souvent preuve d'un esprit précurseur. Courageux et humbles, les Thot œuvrent en silence et ne cherchent pas les honneurs. Ils s'épanouissent dans le secteur de la culture, de l'écriture, de la recherche, de la science, de la philosophie ou de la spiritualité. Esthètes, les Thot savent reconnaître et créer la beauté dans leur environnement proche.

Le blanc est une couleur bénéfique pour les femmes Thot, tandis que le rose est conseillé aux hommes natifs de ce signe.

Les Thot s'accordent parfaitement avec les signes Bastet et Isis.

Horus

Du 20 avril au 8 mai et du 12 au 19 août

Dieu protecteur et dynastique aux multiples visages, Horus est généralement représenté sous la forme d'un homme à tête de faucon. Par opposition à Seth, son ennemi juré, Horus représente l'ordre, l'harmonie et la victoire du bien sur le mal. Il est ensuite devenu le dieu protecteur des pharaons d'Égypte.

Le besoin de justice est le moteur indispensable à l'épanouissement des natifs d'Horus, qui se dévouent corps et âme aux causes qui leur tiennent à cœur. Certains peuvent s'engager avec ardeur dans des luttes sociales, écologiques ou politiques, d'autres peuvent chercher à défendre les opprimés avec ténacité. Avec le temps, la force intérieure et l'aura de ces natifs ne feront que grandir : meneurs de foule, les autres reconnaîtront en eux un exemple d'expérience et de sagesse, dont les conseils avisés seront estimés. Limpides et clairs dans leurs propos, les Horus trouvent souvent les mots justes pour toucher le cœur de leur auditoire. Les natifs d'Horus ont besoin d'adversité pour s'affirmer, bien que cette manière de vivre ne favorise pas la sérénité et l'équilibre indispensables à leur épanouissement. Ils doivent apprendre le principe du détachement et ne pas porter constamment toute la misère du monde sur leurs épaules.

L'or est une couleur bénéfique aux femmes Horus, tandis que le rouge carmin est conseillé pour les hommes de ce signe.

Les Horus nouent de belles relations avec les signes Geb et Bastet.

Isis

Du 11 au 31 mars, du 18 au 29 octobre et du 19 au 31 décembre

Isis, déesse mère des pharaons et figure éclatante qui, par sa magie créatrice et son amour, redonne vie à son amant Osiris, est devenue le symbole de la mère et de l'épouse idéale. Protectrice des naissances et des enfants, elle a été représentée sous de multiples formes : grâce à ses grandes ailes, elle symbolise amour, protection et justice. Au-delà de cet aspect de dévotion maternelle et de tendresse, Isis représente le principe même de féminin divin et de création.

Les natifs du signe Isis placent l'amour au cœur de leur existence. Ils ont hérité de toute la force de l'amour d'Isis. Ils savent apporter la sécurité, la sérénité et la tendresse à leurs proches. En revanche, ils ne supportent aucune bassesse ou mesquinerie. Les natifs d'Isis savent se mettre au service des autres : leur patience et leur simplicité leur permettent de nouer des amitiés solides, dans un respect mutuel. Stables et déterminés, les Isis se réalisent entièrement dans le domaine social ou médical.

La couleur bleue convient aux femmes Isis, tandis que le blanc est la couleur de prédilection pour les hommes natifs de ce signe.

Les Isis s'entendent à merveille avec les signes Osiris et Thot.

Osiris

Du 1er au 10 mars et du 27 novembre au 18 décembre

Dieu de la nature et monarque universel, Osiris est représenté sous la forme d'un homme enveloppé d'un linceul blanc, portant une houlette et un fléau, insignes de l'ordre et de la discipline. Assassiné par son frère Seth, il revient à la vie grâce à la magie de son épouse Isis. Il devient alors le dieu du monde de l'au-delà et de la vie éternelle, celui qui règne sur le royaume des morts.

Sous la protection d'un tel dieu, les natifs de ce signe sont à la poursuite d'une véritable quête humaniste : détenteurs de connaissances profondes, qu'elles soient d'ordre intellectuel, philosophique, ou spirituel, ils ont pour vocation de les partager avec les autres. Réalistes et concrets, les Osiris ont conscience de leurs qualités et de leurs compétences. Passionnés, authentiques et créatifs, ils emploient très tôt toute leur énergie pour atteindre la position qu'ils ambitionnent. Ils sont reconnus pour leur force de caractère et pour la qualité de leurs talents d'organisateurs, d'orateurs et de pédagogues. Mais c'est dans des rôles plus modestes qu'ils finissent par s'épanouir : tout comme Osiris lors de son voyage sans retour, ils passent de la lumière à l'ombre.

Le vert conviendra parfaitement aux femmes Osiris, tandis que le jaune amplifiera les qualités des hommes de ce signe.

Les Osiris tissent des relations harmonieuses avec les signes Isis et Thot.

Amon-Rê

Du 8 au 21 janvier et du 1er au 11 février

Dieu primordial du panthéon, Amon-Rê aurait donné vie au cosmos. Créateur de l'Univers, des hommes et des dieux, on le représente sous une apparence humaine portant une haute couronne de plumes. Pourvus d'une force et d'un charisme extraordinaires, les natifs de ce signe sont promis à une destinée hors du commun.

On dit des Amon-Rê qu'ils sont de vieilles âmes et les véhicules de la conscience de l'humanité. Éveilleurs d'esprit, ils suscitent l'intérêt par une tolérance et un humanisme qui leur sont naturels. Les natifs de ce signe ne semblent pas appartenir à ce monde. D'ailleurs, ils ne cherchent pas vraiment à en faire partie. Ils aspirent secrètement à retrouver leurs racines magiques, en un lieu qui demeure secret. Au contact de ces personnes uniques, certains se découvrent des qualités enfouies et aspirent à accomplir leur projet de vie. Créatifs, les Amon-Rê brillent par leur intelligence et leur perspicacité. Entrepreneurs et artistes, ils accordent beaucoup de place à leurs objectifs professionnels. Esprits libres et affranchis, le caractère unique des natifs de ce signe peut les amener à se sentir différents, voire exclus. Ils ne doivent cependant pas s'en offusquer : la grandeur qu'ils portent en eux doit justement les amener à chérir et à cultiver l'indépendance d'esprit dont ils font preuve. Ils doivent simplement apprendre à mieux communiquer pour vivre plus sereinement avec leurs semblables.

Il est conseillé aux femmes Amon-Rê de porter la couleur orange ; le jaune solaire est bénéfique aux hommes de ce signe.

Les meilleurs alliés des Amon-Rê sont les natifs d'Horus et du Nil.

Bastet

Du 14 au 20 juillet, du 23 au 27 septembre et du 3 au 17 octobre

Déesse de la maison et du foyer, Bastet symbolise la joie, la féminité et la maternité. Elle est représentée sous la forme d'un chat, animal vénéré en Égypte ancienne, car on pensait qu'il possédait le savoir occulte et reliait le monde des morts à celui des vivants.

Les natifs de Bastet possèdent grâce et raffinement ; ils savent s'envelopper d'une aura de mystère tout en instaurant un climat de complicité. Ils sont capables de rallier les autres à leurs idées et de les convaincre de leurs compétences, aisément, grâce à leur charme et leur délicatesse. Les Bastet sont des personnes modestes et authentiques et, plutôt que de suivre les tendances, ils les inspirent. Dotés d'une grande vivacité d'esprit, ils font preuve d'adaptabilité et accueillent le changement avec beaucoup de positivité. Forces tranquilles, ce sont les hasards de la vie qui mèneront les natifs de ce signe vers leurs plus grands accomplissements. D'une grande humilité, les Bastet ont tendance à rester trop en retrait : ils doivent apprendre à se démarquer et à prendre la place qui leur revient.

Le gris constitue une couleur bénéfique pour les femmes Bastet, tandis que l'ocre jaune convient parfaitement aux hommes natifs de ce signe.

Les Bastet s'entendent à merveille avec les signes Horus et Sekhmet.

Sekhmet

Du 29 juillet au 11 août et du 30 octobre au 7 novembre

Femme à tête de lionne couronnée d'un orbe solaire, Sekhmet était une déesse redoutée. Ambivalente et fascinante, elle terrasse les ennemis du dieu soleil. Mais Sekhmet n'est pas seulement l'incarnation de la puissance destructrice. C'est aussi une divinité bienveillante et guérisseuse.

Les natifs du signe Sekhmet ont naturellement hérité de certaines particularités de cette redoutable déesse. Les Sekhmet rayonnent grâce à leur tempérament solaire, qui leur vaut un destin tumultueux et riche en belles rencontres. Attirés par les destinations exotiques, ils souhaitent explorer de nouvelles contrées et découvrir le monde. Non dépourvus de profondeur, ces signes sont marqués par leur franchise, leur entièreté et leur orgueil, et ils souhaitent, très tôt, défendre leurs convictions avec fougue. Les Sekhmet sont des personnes autoritaires qui aiment exercer leur pouvoir et leur influence. Noble et chevaleresque, leur droiture morale témoigne d'une rigoureuse honnêteté, qui peut parfois les amener à paraître froids et intransigeants. Les Sekhmet doivent apprendre à être plus indulgents et plus compréhensifs pour bâtir des relations saines et sereines avec leur entourage. Les métiers à responsabilités exercent un attrait particulier sur les natifs de ce signe. Entiers en amour comme en amitié, les Sekhmet n'aiment pas à moitié et s'engagent avec fermeté. Mais sous ce caractère impétueux se cache une véritable sensibilité qui ne doit pas être réprimée.

Le bleu turquoise magnifie la personnalité des femmes Sekhmet, tandis que le vert clair constitue une couleur très bénéfique aux hommes natifs de ce signe.

Les Sekhmet forment d'excellentes alliances avec les signes Geb et Bastet.

Anubis

Du 9 au 27 mai et du 29 juin au 13 juillet

Anubis, fils illégitime d'Osiris et de Nephtys, dieu des morts, souverain des nécropoles et divinité protectrice des embaumeurs, est chargé d'accompagner les défunts vers le royaume éternel. Il est représenté par un homme à tête de chacal qui porte dans une de ses mains la croix ansée : symbole de vie, celle-ci devient, entre les mains du dieu, la clé des portes de la mort. Dans le *Livre des morts*, il est maître de la cérémonie de la pesée de l'âme.

Les natifs d'Anubis allient rigueur, sens des responsabilités et volontarisme, mais cette apparente solidité masque une sensibilité parfois incontrôlable qui les laisse à la merci de leurs émotions, les rendant vulnérables. Ils fuient la fausse lumière de la superficialité et sont à la recherche de vérités profondes, souvent cachées. Les Anubis sont très attachés à la sincérité et ne conçoivent pas de relation sans une confiance mutuelle. Ils peuvent apparaître parfois comme rigides ou trop rigoureux, et doivent donc faire preuve de souplesse et d'indulgence envers eux-mêmes, et savoir lâcher prise lorsqu'il le faut. Très tournés vers le passé, les natifs de ce signe savent cependant regarder vers l'avenir, sans pour autant se départir d'un certain fatalisme. La vie des Anubis n'est pas un long fleuve tranquille : son cours alterne entre méandres et passages torrentueux, ce qui les amène à vivre des situations diverses et changeantes avant de trouver leur voie. Cependant, cette instabilité les rend riches d'expériences dans leurs vies professionnelle et sentimentale, et leur permet au bout du compte de trouver leur vraie place, où ils pourront enfin s'épanouir.

Le pourpre est une couleur bénéfique aux femmes nées sous ce signe, tandis que la terre de sienne conviendra parfaitement aux hommes Anubis.

Les Anubis vivent des relations privilégiées avec les signes Bastet et Isis.

Seth

Du 28 mai au 18 juin et du 28 septembre au 2 octobre

Seth, fils de Nout, est le frère des déesses Isis et Nephtys, ainsi que du dieu Osiris. Seigneur des orages et de la foudre, Seth est une divinité puissante, symbole de destruction et de brutalité : fratricide, il a assassiné son frère, Osiris. À l'image d'autres dieux, Seth est ambivalent et n'est donc pas essentiellement négatif ; il représente aussi la vitalité et le renouveau. L'aspect de Seth est à la fois étrange et effrayant : un curieux visage, un museau pointu surmonté de longues oreilles, le tout perché sur un corps d'homme.

Les natifs du signe de Seth sont réputés pour leur caractère entier, affirmé et téméraire. Ce sont des êtres de pouvoir, ambitieux, déterminés, qui ne ménagent pas leur énergie et qui sont prêts à tous les sacrifices pour atteindre leurs objectifs. Ces qualités appréciables suscitent l'admiration, mais sont également susceptibles de ternir leurs rapports aux autres. Les Seth accordent une valeur démesurée à leur liberté, ce qui rend pour eux le poids des contraintes sociales, professionnelles et même amoureuses, difficiles à supporter. Passionnés et perfectionnistes, ils aiment relever les défis et acceptent mal la défaite et la médiocrité. Ils sont tout entiers dans l'ici et maintenant, et ne s'attardent pas sur un passé lointain et révolu. Les natifs de Seth n'aspirent pas à une vie tranquille et routinière : vivre dans un challenge constant peut les mener à une réussite éclatante ou à un échec cuisant. Ils doivent prendre garde à ne pas succomber à un penchant obsessionnel pour de nouvelles conquêtes, et prendre le temps de profiter pleinement de leur réussite. Le noir est une couleur qui conviendra parfaitement aux femmes nées sous ce signe, tandis que le bleu turquoise sublimera la personnalité des hommes Seth. Les Seth nouent des relations harmonieuses avec les signes Nil et Geb.

Mout

Du 22 au 31 janvier et du 8 au 22 septembre

Déesse mère ambivalente, Mout est l'une des plus anciennes déesses du panthéon égyptien. Elle est représentée sous la forme d'une femme à tête de lionne ou d'un sublime vautour à la vue perçante. Grande mère du monde, elle est celle qui conçoit et enfante toute existence, y compris celle des dieux.

De nature secrète et insaisissable, les natifs de Mout se plaisent à entretenir cette aura de mystère autour d'eux. Porteurs de force et de sensibilité, leur caractère incite, sinon à la marginalité, du moins à une certaine forme d'isolement, de retrait. Ils n'en demeurent pas moins protecteurs et aimants envers leurs semblables, s'investissant affectivement et émotionnellement dans tout ce qu'ils réalisent, quitte à y laisser des plumes. Il en découle de nombreuses déceptions, et une certaine forme de mélancolie qui n'est pas sans charme. Cette tendance à se sacrifier pour l'autre est tout à leur honneur, mais cela les rend parfois excessivement vulnérables. Les natifs de Mout doivent apprendre à apprivoiser leur anxiété pour s'épanouir dans leur propre cheminement. Profondément attachés à leurs racines, les Mout recherchent avant tout la stabilité et la sécurité émotionnelle : c'est auprès des leurs qu'ils évoluent le mieux. La famille et le foyer tiennent donc un rôle primordial dans leur chemin de vie. D'un naturel protecteur et jovial, les Mout aiment communiquer et travailler en équipe, sans nourrir d'ambition démesurée. Ils souhaitent donc naturellement mettre à profit leurs qualités humaines dans les métiers de l'humanitaire et du social.

Il est conseillé aux femmes Mout de porter du rouge carmin, tandis que le brun conviendra parfaitement aux hommes.

Les natifs de Mout s'entendent à merveille avec les signes Amon-Rê et Thot.

Geb

Du 12 au 19 février et du 20 au 31 août

Dieu de la Terre, maître des minéraux, des plantes et de tout ce qui pousse, Geb symbolise l'abondance. Il est l'époux de

Nout, déesse de la voûte céleste, et est souvent représenté sous la forme d'un homme à la peau verte portant une oie sur la tête.

Les natifs du signe de Geb éprouvent le besoin viscéral de construire, d'harmoniser et de créer. Porteurs de grandes idées, ils se fixent toujours des objectifs élevés. Rigoureux et pragmatiques, les natifs de ce signe mènent une quête constante de perfection et d'élévation. Soucieux du travail bien fait, les personnes nées sous le signe de Geb sont douées pour les travaux les plus méticuleux. Leur niveau d'exigence élevé, envers eux-mêmes et envers les autres, les amène quelquefois à paraître sévères et fermés. L'acceptation de soi est parfois difficile – mais nécessaire – pour atteindre une certaine stabilité : les natifs de ce signe doivent apprendre qu'ils peuvent être aimés pour ce qu'ils sont, et pas seulement pour ce qu'ils font. Sensibles et attachants, ils constituent de précieux confidents. À l'écoute de leur instinct, ils cultivent un lien sacré à la nature et sont attachés aux valeurs traditionnelles, qu'ils s'efforcent de préserver et de transmettre tout au long de leur existence.

Le rose-orangé est une couleur qui conviendra parfaitement aux femmes Geb, tandis que le violet est conseillé aux hommes nés sous ce signe.

Les Geb entretiennent des rapports privilégiés avec les signes Seth et Horus.

4

Renouer avec son féminin sacré grâce à la déesse Isis

ALLER À LA RENCONTRE DU FÉMININ SACRÉ

Isis, mère de la création et déesse de l'éternel féminin

Les mythes fondateurs des anciennes civilisations imprègnent encore notre imaginaire et continuent à inspirer notre époque. La légende d'Isis, déesse primordiale du panthéon égyptien, est riche de ces savoirs anciens et nous révèle aujourd'hui encore ses mystères, nous aidant ainsi à surmonter les obstacles de la vie et à renaître à nous-mêmes. Archétype de la déesse mère universelle, Isis incarne les multiples attributs du féminin sacré et les réunit en une entité unique. Représentation divine de l'éternel féminin, les figures qu'elle incarne sont, tout au long de son histoire, autant de mues et de métamorphoses de la grande déesse.

Divinité omnipotente aux dix mille noms, Isis est à la fois « déesse verte », guérisseuse aux nombreuses vertus, et figure de rédemption, puisqu'elle ressuscite son époux Osiris d'entre les morts. Elle est aussi celle qui préside à la naissance et qui accompagne le mort : elle prend soin du nouveau-né et du défunt avec le même amour, assistant ce dernier dans ses ultimes transformations vers la renaissance. Elle se montre aimante, dévouée et nourricière, mais elle est aussi capable de braver tous les obstacles grâce à sa magie créatrice, la force de son amour et ses pouvoirs alchimiques.

Parmi les divinités du panthéon égyptien, Isis fait figure de reine : appelée Netheret, « Grande de divinité », elle est celle à qui le destin obéit. Amante, mère et épouse idéale, elle porte en elle toutes les facettes du féminin. Maîtresse de la vie, c'est grâce à elle que s'accomplissent jour après jour les mystères de l'existence. On pensait qu'elle était l'âme de Sirius, l'étoile solaire diamantée qui illumine la constellation du Grand Chien. Déesse aux multiples métamorphoses, elle revêt de nombreuses formes : coiffée d'un disque solaire et parée de ses longues ailes, elle incarne la source primordiale de vie, l'amour, la protection et la justice.

La légende d'Isis nous invite à nous reconnecter à notre puissance féminine, à la force créatrice qui réside en chacun d'entre nous, afin de reconquérir notre plein pouvoir. Isis nous apprend à développer notre potentiel créateur : celui d'engendrer la vie, certes, mais également celui d'imaginer ce que nous souhaitons réaliser dans notre existence. La déesse nous invite à rétablir le lien avec notre force de transformation, de création, et notre faculté à aimer inconditionnellement, révélant ainsi notre essence divine. Elle nous incite à ne pas craindre notre propre lumière et notre véritable origine : en effet, ce n'est pas toujours ce que nous ignorons de nous-même qui nous paralyse, mais bien la peur de mesurer notre réel potentiel. Beaucoup s'interdisent d'exprimer pleinement leur personnalité et leurs talents par crainte de se faire remarquer, de déranger, d'être jugé. Pourquoi se défendre d'être soi-même, de s'accomplir ? Isis nous aide à réaliser que c'est uniquement en étant en accord profond avec notre être intime et en le revendiquant énergiquement que nous offrirons aux autres la possibilité d'être eux-mêmes.

Le couple archétypal Isis et Osiris : à l'origine du féminin et du masculin sacrés

L'histoire d'Isis et Osiris, mythe universel et intemporel, est l'un des fondements de la mythologie égyptienne : archétype de la tragédie amoureuse où l'amour transcende la mort, c'est un récit qui a inspiré la culture occidentale tout au long de son histoire.

Isis, déesse mère et divinité originelle adorée aux premiers âges de l'humanité, vit encore dans nos mémoires. Les hymnes gravés sur les murs des temples les plus isolés et les portraits d'une grâce si délicate peints sur les parois des sépulcres perdus au milieu des sables nous évoquent encore si intensément cette déesse lointaine qu'un antique sortilège semble toujours vibrer en ces lieux sacrés.

Par-delà les millénaires, Isis demeure la reine généreuse qui aimait son peuple, la protectrice des mères et des enfants, la magicienne dont le souffle ramena son amant à la vie. Elle est, avec Osiris, Nephtys et Seth, membre d'une fratrie divine : son père est Geb, la Terre, sa mère est Nout, le ciel, et elle a été conçue dans le secret, au plus profond de la nuit.

Osiris et Isis « s'aimaient furieusement dans le ventre de leur mère », nous dit Plutarque, qui rapporta le mythe de la déesse. Ils furent donc immédiatement unis par un amour infini comme seuls les dieux peuvent en éprouver... Ou simplement comme deux êtres humains peuvent se vouer l'un à l'autre. Le couple mythique apportera à l'Égypte la civilisation et la fertilité, et apprendra aux hommes à vivre en société et en paix dans la merveilleuse vallée du Nil. Osiris, fils aîné de Nout, sera le premier à émerger du ventre étoilé de la déesse : il sera le pharaon originel, l'archétype du souverain, un être idéal paré de toutes les qualités.

Son règne légendaire apportera ordre, lumière et bonheur ; il constituera un véritable âge d'or pour le peuple égyptien. Mais pour les êtres humains comme pour les dieux, le bonheur n'est jamais acquis. Ce royaume idéal, paradis des hommes, terre d'élection du couple divin, fera naître l'envie dans l'esprit d'un dieu malfaisant. Autour de cette vallée heureuse s'étend le plus grand désert du monde, le royaume du dieu rouge, de Seth le stérile, seigneur des tempêtes et du chaos. Rongé par la jalousie, le dieu honni du peuple d'Égypte, frère jumeau d'Osiris, ourdira un complot afin de le destituer et de s'emparer du trône de pharaon. Pour mettre à exécution son projet, il réunira lors d'un banquet un clan de conjurés et, au milieu des convives, fera installer un somptueux sarcophage. Prétextant un jeu, il invitera chacun à s'y étendre. Osiris, naïf malgré ses qualités divines, s'y allongera comme les autres convives. Seth et ses conjurés, profitant de cet instant, refermeront le tombeau, le scelleront et le jetteront dans les flots du Nil. Le sarcophage flottera lentement jusqu'à la mer et dérivera jusqu'aux rivages de Biblos où, échoué sur le sable, il sera dissimulé par un tamaris, qui deviendra, après l'avoir recouvert de son écorce et de son bois, un arbre au port si majestueux et au parfum si suave qu'il sera repéré pour sa splendeur et coupé par les bûcherons du roi de Biblos. Le dieu tant aimé disparu, les Égyptiens se lamenteront et Isis pleurera son époux : sa tristesse sera telle que ses larmes, intarissables, feront monter les eaux du Nil en une nuit et engendreront la première crue du fleuve. Cette nuit de l'inondation sera appelée « la nuit du grand flot de larmes issu de la grande déesse » en souvenir du chagrin de la déité.

L'astucieuse Isis ne cédera pas pour autant au désespoir et se mettra en quête du corps de son défunt époux. Elle commencera les recherches et, pour cela, elle usera de la magie et se transformera en oiseau. C'est sous la forme d'un milan, magnifique rapace aux longues ailes et à la silhouette élégante, qu'elle sillonnera le ciel d'Égypte et qu'elle finira un jour par retrouver son amant sous l'apparence d'un des piliers de bois soutenant le palais du souverain de Biblos. Après de nombreuses péripéties, elle lui redonnera son corps, le ramènera en Égypte et le cachera dans les marais du delta du Nil, cet immense milieu liquide étant son royaume de prédilection. Symbole des eaux de la maternité abritant la vie naissante, il évoque le liquide amniotique, pour les Égyptiens. Dans ce domaine sacré, apanage du féminin, Isis trouvera abri et sécurité pour elle et les hommes qu'elle aimera : son époux Osiris, puis, plus tard, son fils Horus. C'est là, entre les sept bras du Nil, qu'elle tentera de soustraire son royal époux aux foudres de l'éternel Seth. Malgré la ruse et la magie déployée par la courageuse Isis lors d'une chasse par une nuit de pleine lune, le dieu fratricide trouvera l'abri secret. Il emportera avec lui le sarcophage, puis sortira le corps inerte d'Osiris du cercueil et le découpera en quatorze morceaux (la moitié d'un cycle lunaire) avant de les disperser à travers toute l'Égypte.

Malgré ce nouveau coup porté par le meurtrier de son amant, la déesse reine ne désespérera pas et commencera alors une nouvelle quête, qui durera quatre-vingts longues années, pendant lesquelles elle et sa sœur Nephtys reprendront, jour après jour, leur apparence d'oiseau et voleront en couple, parcourant inlassablement le royaume à la recherche des fragments du corps d'Osiris. Les deux déesses, formant une véritable entité féminine double, reconstitueront littéralement le masculin en rassemblant les parties de cet homme démembré, disloqué. Pour le préserver et le faire renaître, aidées par la magie de Thot et d'Anubis, elles l'envelopperont de bandelettes, faisant de son corps la première momie. Osiris deviendra alors le dieu des morts, souverain de l'au-delà. Désormais, tous les Égyptiens, hommes ou femmes, pourront prétendre devenir un Osiris et accéder à l'immortalité grâce à son sacrifice.

La puissance de ce mythe antique résonne encore aujourd'hui dans nos esprits et démontre, de manière éclatante, la compréhension profonde que cette civilisation avait déjà eue de la polarité féminin-masculin sacrés présente en chacun de nous, source d'équilibre et d'harmonie pour les individus et les sociétés qui en ont fait une valeur essentielle.

ÉTABLIR UNE RELATION PERSONNELLE AVEC LA DÉESSE

Déesse de la transformation, Isis nous offre les clés pour agir sur notre destinée. Elle nous dévoile notre nature profonde et nous aide, avec bienveillance, à faire les choix judicieux pour évoluer dans notre existence. Isis peut libérer en nous de nombreux potentiels : elle constitue probablement la déesse idéale pour s'initier aux mystères de la magie égyptienne. Nous vous proposons ci-après quelques pratiques magiques qui vous permettront de vous reconnecter à votre puissance créatrice et à votre féminin sacré, tout en établissant une relation étroite avec la déesse.

La méditation d'Isis

Pour invoquer le soutien et le réconfort d'Isis, nous vous proposons cette visualisation efficace et facile à réaliser. Isolez-vous, installez-vous confortablement et laissez votre esprit se vider des pensées du moment, puis représentez-vous la déesse. Visualisez sa haute silhouette, penchée sur vous, vous protégeant de ses ailes dorées et nimbées de lumière. Laissez cette douce présence imprégner tout votre être, vous transmettre son éclatante lumière et vous redonner ainsi toute la vitalité, la force et le courage dont vous avez besoin. Cette méditation peut également profiter à la personne que vous désirez réconforter : il suffira de procéder de la même manière en pensant à elle à la fin de la visualisation.

Le chapelet de cérémonie isiaque

Conçu comme un chapelet habituel, ce collier de prière isiaque vous permettra de mesurer le temps consacré à une prière ou à un rituel en l'égrenant une ou plusieurs fois. Pour le fabriquer, vous aurez besoin de différents symboles et gemmes.

Objets nécessaires au rituel

- Un pendentif d'Isis ailée.
- 10 petites perles de cornaline (6 mm) : la cornaline représente le sang d'Isis, redonne vitalité et énergie, et favorise la méditation et la concentration.
- 10 petites perles de lapis-lazuli (6 mm) : pierre des dieux et en particulier d'Isis, le lapis-lazuli libère et apporte paix intérieure et plénitude.

- 3 pierres roulées de malachite symbolisant Osiris, Geb et Nout : la malachite protège, amplifie l'énergie positive et absorbe l'énergie négative. Le vert est la couleur du trio de dieux.
- 30 petites perles de verre jaune-orangé (6 mm) : le jaune *khenet* est la couleur des femmes et des déesses.

Purification et consécration

Avant de fabriquer le chapelet, purifiez les gemmes en les plaçant dans une coupe d'eau de source salée pendant quelques heures.

Pour consacrer le chapelet, tenez-le au creux de vos mains face à votre autel et prononcez cette formule : « En ton nom, Isis, je consacre ce chapelet. Qu'en cet objet dès à présent sacré s'éveille ta magie. »

Le lait d'Isis

L'amour maternel d'Isis pour Horus, symbolisé par l'image de la mère allaitante, a inspiré l'un des remèdes magiques les plus puissants : le lait d'Isis. Le lait, dont la blancheur évoque la pureté, est très important dans la pharmacopée égyptienne, puisqu'on lui confère le pouvoir de purifier des maladies. En Égypte, le lait humain, particulièrement celui d'une femme ayant mis au monde un garçon, est assimilé au lait de déesse, porteur d'une force vitale divine et nécessaire à la conservation de la vie. Son transport ainsi que son utilisation suivaient un rituel particulier qui lui conférait des vertus magiques. De l'Antiquité au XVIIIe siècle, ce lait était paré de propriétés surnaturelles ; il constituait un ingrédient mythique. Le lait d'Isis que nous vous proposons n'est pas destiné à être consommé, mais à être déposé sur votre autel en offrande à la déesse.

Objets nécessaires au rituel

- Une coupelle de lait de vache.
- 5 gouttes d'huile essentielle de lotus blanc.
- 8 graines de coriandre.

Le rituel

Versez du lait de vache dans une coupelle. Ajoutez 5 gouttes d'huile essentielle de lotus blanc et 8 graines de coriandre.

RETROUVER LA PART DE DIVIN EN SOI

Pratiquer la magie d'amour avec Bastet

Les Égyptiens avaient l'intime conviction que, pour exister, le monde avait besoin de féminité. Cette féminité ravissait les hommes, mais aussi les divinités. Il n'est donc pas surprenant que les femmes présentes dans les temples aux côtés des prêtres-magiciens, à l'exemple des prêtresses de Bastet, d'Hathor et d'Isis, officiaient en chantant et en dansant pour gagner l'amour des dieux.

On peut les apercevoir sur les bas-reliefs, en adoration, dansant ou faisant cliqueter leur sistre. Certaines d'entre elles avaient pour mission d'éveiller le désir des dieux. Séductrices et sulfureuses, elles portaient des robes fourreau en lin transparentes et plissées, mettant en valeur la délicatesse de leurs courbes. Cette image iconique représente la femme dans toutes ses dimensions : épouse idéale, amante, personne occupant un rang social élevé, mais aussi médiatrice chargée d'un rôle primordial dans l'harmonie de l'Univers.

La figure de la prêtresse lascive à la beauté ensorcelante, œuvrant à quelque obscur sortilège, nourrit encore une image fantasmée dans laquelle un érotisme teinté d'exotisme continue de fasciner. La société égyptienne antique pourrait encore nous inspirer un modèle où la sensualité et la morale ne seraient pas en conflit.

Pour les anciens Égyptiens, l'amour est un don magique, célébré sous de multiples formes. Nous vous proposons d'incarner une véritable prêtresse de Bastet avec le rituel suivant… La séduisante déesse féline a le pouvoir de stimuler l'amour et la passion. Nous vous invitons à valoriser et à célébrer votre féminité en portant une tenue et des bijoux que vous affectionnez particulièrement. Ce rituel a pour but de vous aider à raviver les sentiments de l'être aimé.

Objets nécessaires au rituel

- Les attributs de Bastet : le sistre (cela peut également être une crécelle ou tout autre instrument remplaçant le sistre) et la fiole de parfum (dans laquelle vous pourrez verser un parfum de votre composition, ou celui que vous préférez).
- La croix ankh.
- De l'encens.
- Une représentation de Bastet ou de chat (symbole de la déesse).

Le rituel

Après avoir placé la représentation de Bastet au centre de l'autel, disposez l'encens à droite de la déesse et la fiole de parfum à gauche. Enflammez l'encens et, comme la déesse, portez dans votre main droite la croix ankh et, dans la gauche, le sistre. Face à l'autel, agitez le sistre trois fois pour ouvrir le rituel. Laissez votre esprit s'apaiser quelques instants, puis prononcez à voix haute cette prière à Bastet, dame des parfums :

« Ô Bastet,
Reine du ciel, Reine des deux terres,
Déesse du feu et de l'eau,
Toi, la féline, la lionne de Bubastis,
Toi, l'âme d'Isis, la sœur de toutes les femmes amoureuses,
Dame de l'exultation, Maîtresse de la danse,
Accepte l'offrande de ce parfum et accorde-moi la grâce et le charme de la féline.
Ô Bastet !

Écoute mes suppliques et montre-moi le beau visage de l'amour. »

Agitez trois fois votre sistre pour clore la prière. Prenez la fiole et parfumez-vous en prononçant la formule suivante :

« Ô Bastet, accepte l'offrande de ce parfum. Illumine mon esprit et mon corps de ta grâce et réveille l'amour dans le cœur de [nom de l'être aimé]. »

Faites une offrande à Bastet en répandant le parfum restant sur l'effigie de la déesse.

Retrouver son lien à la nature avec la magie des herbes, des encens et des huiles

Le pouvoir sacré des plantes

La graine, minuscule coque chargée de mystères, engourdie sous le sable du plus aride des déserts ou déposée par le vent dans l'ombre froide d'une crevasse, se satisfera de quelques gouttes d'eau et d'un peu de lumière pour libérer la magie dont elle est le réceptacle et faire éclore la vie. Malgré cette frugalité, elle engendrera le frêle brin d'herbe, l'immense arbre-monde et encore bien d'autres plants, jusqu'à composer un véritable tissu végétal qui, couvrant notre planète, dessinera son merveilleux visage.

Les plantes nourrissent et soignent ; partout dans le monde et depuis toujours, les hommes les ont utilisées pour guérir la maladie et soulager la souffrance. En Égypte, les prêtres-*ouâb*, thérapeutes, et les *saou*, magiciens guérisseurs, ne les employaient pas sans l'intervention des dieux et de la magie, qu'ils invoquaient lors de cérémonies et rituels afin de permettre aux herbes médicinales de délivrer leur puissance surnaturelle. Les *saou* utilisaient plusieurs centaines de plantes et de substances pour leurs préparations : myrrhe, encens, miel, lotus blanc et coriandre étaient couramment employés. Certaines herbes étaient récoltées encore humides de la rosée du matin ; cette dernière représentant les larmes d'Horus et le sang de Geb, les plantes étaient reçues comme un don du ciel, tels des présents des dieux faits aux hommes. Le monde végétal qui enserrait la vallée du Nil était, pour les magiciens guérisseurs, un univers vibrant de magie, et la quête quotidienne des herbes qu'ils effectuaient sous le regard bienveillant de Rê contribuait sans doute à leur initiation et à l'élévation de leur âme.

Nous vous proposons de faire revivre un peu de cette magie avec les quelques plantes suivantes, que vous pourrez utiliser dans vos pratiques rituelles.

- Lotus bleu : présent le long des rives du Nil, le lotus bleu est la fleur emblématique de l'Égypte. Cette plante est associée aux plaisirs sensuels et est également utilisée pour ses vertus apaisantes lors des rites de guérison. Plante fétiche d'Isis, le lotus bleu représente sa couche nuptiale. Dans le *Livre des morts*, il est associé à la transformation. Tandis que le nymphéa (lotus blanc) est d'essence lunaire, le lotus bleu, lui, est parfait pour le jour.
- Jasmin : apprécié pour son parfum enivrant et ses vertus aphrodisiaques, le jasmin représente la féminité, la beauté et la délicatesse. Il est particulièrement puissant dans les envoûtements d'amour et stimule l'activité onirique.
- Hysope : plante sacrée, l'hysope protégera de son aura divine ceux qui l'utiliseront. Particulièrement reconnue pour ses vertus purificatrices, elle est notamment adaptée pour lutter contre le stress et l'anxiété, et favorise l'élévation spirituelle.
- Lys : la beauté du lys évoque la lumière, la féminité, mais aussi la pureté. Symbole de fertilité et de renaissance, cette fleur céleste est utilisée dans la pratique magique pour ses propriétés purifiantes.
- Rose : reine des fleurs, la rose est particulièrement utilisée dans les rituels magiques. Elle est associée à la sérénité, l'amour et l'affection. La rose blanche représente la sagesse et le mysticisme.

- Lavande : plante aux nombreuses vertus médicinales et magiques, la lavande est une fleur à toujours garder près de soi. Particulièrement versatile, elle est conseillée dans les rituels d'abondance, d'amour et de purification.
- Coquelicot : fleur fragile d'une beauté éclatante, le coquelicot favorise le repos et la sérénité. Les Égyptiens anciens dispersaient ses pétales dans les tombes afin que les défunts trouvent un repos éternel et paisible.
- Bruyère : la bruyère est une plante magique, ayant des vertus protectrices et curatives. Plante médicinale très efficace, elle est particulièrement utilisée dans les charmes d'envoûtement et de séduction.
- Fleurs d'avoine : associées à l'image maternelle et bienfaisante d'Isis, les fleurs d'avoine peuvent être utilisées dans les rituels d'abondance et de fertilité. L'avoine a la réputation d'apporter vigueur et dynamisme à ceux qui la consomment.
- Papyrus : plante emblématique de la vallée du Nil, le papyrus servait de support privilégié à l'écriture des anciens Égyptiens. Il est associé à la déesse Seshat, épouse et parèdre de Thot, qui porte un papyrus stylisé au sommet de sa tête. Maîtresse de la maison des livres, elle veille sur les bibliothèques. Le papyrus favorise l'activité mentale et offre l'inspiration nécessaire à l'écriture.

- Laurier : associé à la magie blanche depuis des temps immémoriaux, le laurier est un végétal indispensable pour favoriser les dons de clairvoyance et l'inspiration. Plante protectrice et purificatrice par excellence, il permet également d'éloigner les forces néfastes.

- Genévrier : le genévrier repousse les énergies négatives, brise les sorts et les envoûtements. Ses rameaux purifient et protègent.

- Romarin : les Égyptiens de l'Antiquité déposaient des branches de romarin dans les tombeaux des pharaons afin de fortifier leur âme avant leur passage vers l'au-delà. On attribue au romarin des vertus purificatrices et fortifiantes, et il favorise également l'harmonie et l'apaisement.

- Lierre : le feuillage toujours vert du lierre et sa longévité exceptionnelle font que les Égyptiens l'associaient à l'immortalité et l'utilisaient lors des rites funéraires. Il symbolise l'espoir et le renouveau. Lié à Osiris, dieu de la végétation et seigneur de l'au-delà, le lierre est propice à la protection et à la guérison.

- Henné : doté de puissantes vertus magiques et spirituelles, le henné est réputé pour éloigner le mauvais œil et pour briser les méfaits magiques.

- Raifort : originaire du bassin méditerranéen, le raifort était bien connu des Égyptiens anciens pour son pouvoir aphrodisiaque.

Rituel de bain purifiant et apaisant

Le bain, véritable plongée intime pour le corps et l'esprit, est un rituel initiatique pratiqué depuis des millénaires. S'immerger dans l'eau permet d'entrer en contact avec ses émotions et de se reconnecter à son énergie féminine. Avant de pénétrer dans leurs temples et de se présenter devant leurs dieux, les prêtres égyptiens devaient se soumettre à un rite de purification. Pour cela, ils s'immergeaient dans un bassin rempli d'eau provenant d'un lac sacré ou du Nil lui-même. Cette eau, qui était collectée lors d'une procession, était transportée dans des vases en or haut de sept coudées[4] à l'effigie des dieux. En France, nous n'avons pas de lacs sacrés à proximité et le Nil est bien trop loin, mais un bain aux herbes purifiantes et apaisantes peut nous préparer aussi, avec douceur, aux cérémonies isiaques.

Pour créer votre eau aux herbes purificatrices, il vous suffira de laisser infuser deux poignées d'hysope, de menthe, de mélisse et de lavande, pendant 20 minutes, dans deux litres d'eau bouillante. Après filtration, versez cette infusion dans l'eau de votre bain. Créez une ambiance propice au bien-être dans votre salle de bains en y disposant des bougies et en y brûlant de l'encens dédié à Isis (voir p. 133). Avant de profiter pleinement des bienfaits de ce bain aux herbes,

4. Environ 3,70 mètres.

faites l'offrande du lait d'Isis (voir p. 117) et prononcez la formule suivante à haute voix :

« Isis, que tes ailes bienfaisantes m'enveloppent
et m'apportent l'apaisement comme l'eau de ce bain.

Isis, née de l'eau du Nil, purifie-moi et chasse
en moi les énergies néfastes.

Fais que ce bain purificateur lave mon corps et mon esprit. »

La magie des parfums, des encens et des huiles

Dans le silence de l'aube à Héliopolis, la cité des neuf dieux, pendant que les prêtres alimentaient les encensoirs dans la pénombre des temples chargés de lourds effluves d'oliban, résonnaient les hymnes du matin. Dès les premières lueurs du jour, les rues encore imprégnées de la fraîcheur odorante de la nuit retentissaient du chant des pèlerins qui, par petits groupes, formaient la procession consacrée à Isis. Les plus fervents portaient de lourds encensoirs qui embaumaient le chemin menant au temple de la déesse. Tous avançaient au rythme des sistres, vêtus de lin blanc, le corps paré de fleurs à l'odeur suave et enduit d'onguents parfumés, ajoutant leurs notes à cette myriade de fragrances et soulevant sous leurs pas la poussière alors dorée par la lumière rasante du petit jour.

Ceci n'est évidemment qu'une vision peut-être idéalisée, mais la réalité n'en était pas très éloignée. Les Égyptiens, inventeurs du parfum, en utilisaient quotidiennement. Les encens et le kyphi[5] répandaient leurs effluves dans les temples et les maisons. Les hommes et les femmes, soucieux de leurs corps, se parfumaient avec force huiles et onguents. L'Égypte est à l'origine d'un savoir-faire exceptionnel dans la fabrication de parfum par pression de fleurs mélangées à des huiles : les Égyptiens utilisaient le lys, l'iris, le myrte, le lotus, plusieurs variétés d'acacia, ainsi que des plantes aromatiques comme la menthe, la marjolaine, l'aneth et le souchet odorant. Leur production avait atteint une telle perfection qu'un échantillon, recueilli au fond d'une coupelle dans un musée anglais trois mille ans après sa fabrication, exhalait encore une odeur agréable.

Parfumer les lieux et les corps était, pour les Égyptiens, une manière de plaire aux dieux, tout en favorisant l'intuition et la méditation. Voici des exemples de parfums, sous forme d'encens ou d'huiles, qui pourront vous être précieux lors de vos pratiques rituelles.

- Benjoin : le benjoin du Siam et le benjoin de Sumatra font partie des encens les plus populaires, tant pour leurs vertus spirituelles que médicinales. Puissants purificateurs et protecteurs, ils éloignent les mauvais

---

5. Parfum solide que les anciens Égyptiens faisaient brûler en hommage à Rê.

esprits et les énergies négatives accumulées au sein du foyer. Le benjoin a la faculté d'amplifier les propriétés des autres substances et forme donc une excellente base pour les mélanges d'encens. Il est idéal pour exprimer son amour envers les déités, en particulier Thot et Isis.

- Oliban : brûlé par les Égyptiens en l'honneur du dieu Rê, l'oliban est utilisé dans la pratique magique et liturgique depuis plus de trois mille ans. C'est l'un des encens les plus reconnus pour ses vertus purificatrices, au même titre que la sauge. Élément de prédilection pour toute pratique magique, il est idéal pour exprimer sa dévotion envers les déités.

- Myrrhe : associé à la féminité et au raffinement, domaines favoris de Bastet, mais aussi d'Hathor, la myrrhe constitue un parfum d'excellence pour ces divinités. Sa fragrance enivrante favorise l'élévation de l'âme. Utilisée sous forme de fumigation, elle crée une atmosphère paisible et propice à la contemplation et à la méditation. La myrrhe éveille une conscience spirituelle au quotidien.

- Myrte : symbole de pureté et de féminité, le myrte symbolise le féminin sacré et les divinités qui lui sont liées : Hathor, Bastet et Isis. Utilisé pour les fumigations, mais aussi dans la préparation d'huiles et d'onguents parfumés, le myrte attire l'amour, la paix et la prospérité.

- Safran : ingrédient phare de la cosmétologie égyptienne, le safran est considéré comme une fleur aux mille et une vertus. Durant l'Antiquité, cette épice magique servait à préparer des parfums et des onguents destinés à guérir les blessures ou à sublimer la beauté des femmes égyptiennes. Le safran est particulièrement prisé pour ses propriétés aphrodisiaques ; il peut donc être utilisé lors de charmes d'amour et de guérison. Il sera particulièrement apprécié par Hathor et Bastet.
- Cannelle : la cannelle est une épice intense de par son arôme ainsi que ses effets spirituels et mystiques. Utilisée sous forme d'encens, elle favorise les états méditatifs et attire la prospérité, le succès et l'amour. Elle est idéale pour une offrande à Thot.
- Amande : le parfum gourmand de l'amande est favorable à l'équilibre et au bien-être. Lors de vos rituels, ce fruit à coque peut servir de base pour les mélanges avec d'autres parfums.
- Galbanum : utilisé par les Égyptiens pour oindre le front du futur Osiris lors des rites d'embaumement, le galbanum est une plante verte aux vertus revitalisantes. Utilisé sous forme d'encens, sa fumée âcre permettait d'éloigner les nuisibles, serpents ou insectes. On lui prête désormais des vertus protectrices et purifiantes. Le galbanum constitue une offrande idéale pour Horus.

- Santal : le bois de santal était très utilisé par les Égyptiens dans la pratique de l'embaumement. Son odeur invite au recueillement et à la spiritualité. On lui prête également des vertus aphrodisiaques. L'encens de bois de santal est donc idéal pour les offrandes aux divinités, notamment à Hathor, Isis et Bastet.
- Cèdre : le mythe d'Osiris nous conte que la dépouille du dieu fut déposée dans un cercueil en bois de cèdre, indestructible et impérissable. Le parfum de ce dernier crée une atmosphère propice à la prière et à la sérénité qui attire particulièrement l'attention d'Anubis et Osiris.
- Pin : l'encens de pin est généralement destiné aux rites de fertilité, mais également à ceux visant à prolonger la jeunesse et la virilité. Il favorise la purification et la prospérité. Ses effluves sont particulièrement appréciés par Anubis.
- Acacia : symbole de renaissance et de vie éternelle, l'acacia amplifie les facultés magiques et renforce l'action de la prière. En plus de ses vertus curatives, l'acacia favorise l'élévation spirituelle. Dans les mystères d'Osiris, le corps du dieu repose près d'un acacia sacré, le parfum de ce dernier accordant les grâces de la divinité.

Recette d'encens d'autel à Isis

L'encens est une substance consacrée aux cérémonies et aux dieux depuis les temps les plus reculés. Isis, déesse de la beauté, apprécie particulièrement les encens et les huiles parfumées. Invoquer cette déesse en lui faisant l'offrande d'un encens dédié sera une preuve de dévotion qui renforcera votre invocation. Un encensoir vous sera utile pour les cérémonies en l'honneur de la déesse ou tout autre dieu ; gardez-en toujours un sur votre autel ! Voici une recette d'encens d'autel à Isis qui transformera votre pyrée en un espace mystérieux où les puissances supérieures pourront se manifester.

Utilisez en proportions égales :

- oliban (pour favoriser la communication avec le divin) ;
- encens mastic de Chios (pour ses vertus purifiantes) ;
- résine de benjoin (pour stimuler la clairvoyance).

5

La magie de Thot, le maître des mots et du destin

LES MÉTAMORPHOSES DU *LIVRE DE THOT* : GENÈSE DU TAROT ÉGYPTIEN

Thot, dieu lunaire, seigneur des paroles divines et maître de l'éternité

Divinité énigmatique au visage d'oiseau, Thot, dieu de la Lune, est, avec Rê, dieu du Soleil, l'une des figures primordiales du panthéon égyptien. Avec sa tête d'ibis, symbole du savoir et de l'hermétisme, Thot fascine et interroge depuis l'Antiquité.

Remontant à la préhistoire de l'Égypte, le culte de Thot évolue dans deux provinces différentes : la région du delta du Nil, où on lui voue un culte sous le nom d'Iâh, divinité lunaire qui offrit aux hommes le premier calendrier, et

Hermopolis, cité où naquit l'Ogdoade[6]. C'est là qu'il forme un duo créateur avec Horus, qui conçoit par la pensée ce que Thot crée par la magie du verbe.

Père du calendrier égyptien, Thot est regardé comme le dieu savant par excellence, paré des qualités associées aux gardiens du savoir : exactitude, rigueur et précision. Souverain du temps et distillateur d'éternité, il est, comme on peut le lire sur un texte découvert à Deir el-Médineh, celui « qui compte les années, les mois, les jours, les heures et les minutes ». Parmi la myriade de divinités qui peuple l'Égypte antique, il fait figure de maître du destin : il est « celui qui compte le temps de vie ».

Dans le temple d'Opet, à Karnak, on peut lire l'inscription suivante à la gloire de Thot : « le cœur de Rê, la langue de Taténen et la gorge d'Amon ». Ceci révèle une autre facette de ses multiples pouvoirs et fait de lui le seigneur des « paroles divines », détenteur du verbe créateur et de la magie des mots. Dieu tutélaire des scribes, il régente seul le monde de l'écriture, qu'il a donné aux hommes et aux dieux. À ce titre, il est donc le maître des magiciens, des prêtres et autres thaumaturges : chez les Égyptiens anciens, les mots étaient l'essence même de la magie.

---

6. Dans la cosmogonie égyptienne, l'Ogdoade d'Hermopolis désigne les huit dieux primordiaux.

Inventeur de l'écriture et de la langue, dispensateur de la magie, Thot était le porteur d'une sagesse universelle aux yeux de nombre d'initiés en Égypte et dans le monde antique. Cette sagesse révélée aux hommes depuis l'aube des temps est transcrite sur la pierre des tombes, des temples, des pyramides, et sur des rouleaux de papyrus, véritables archives sacrées soigneusement conservées au sein des temples et des Maisons de Vie. Cette bibliothèque savante, réservée aux prêtres, aux médecins et aux scribes, constituait une authentique encyclopédie qui recensait les connaissances de la société égyptienne, traitant des arts, des sciences, des cultes, de la cosmogonie et de la magie.

De tous ces manuscrits, il ne reste que quelques bribes, l'essentiel ayant disparu avec le temps : caché, perdu ou détruit, ce qui pouvait encore exister a disparu à l'aube de l'ère chrétienne, réduit en cendre lors de l'incendie de la grande bibliothèque d'Alexandrie.

Le *Livre de Thot* : un ouvrage écrit de la main d'un dieu

Au-delà de la part lumineuse de ce corpus sacré à jamais disparu, subsiste un noyau ésotérique réputé pour être écrit de la propre main du dieu : cette source cachée, inaccessible au commun des mortels, est connue sous le nom de *Livre de Thot*. Elle ne se révèle qu'aux personnes qu'une quête menant sur les obscurs chemins de l'Hermétisme et de l'occulte ne décourage pas.

Rares sont les allusions au *Livre de Thot* dans les manuscrits égyptiens : il est brièvement cité dans les papyrus de Turin comme source de magie noire ayant servi dans un complot contre Ramsès III, mais rien n'est révélé à propos de sa teneur. Le seul document qui révèle quelques détails sur le contenu du livre est un conte contemporain de la dynastie des Ptolémées : le conte de Setni.

Ce conte vieux de plus de trois mille ans narre l'histoire de deux princes. Après une cérémonie en l'honneur du dieu Ptah, alors qu'il traversait l'esplanade du temple, le prince Setni fut interpellé par un fidèle qui éveilla sa convoitise en évoquant l'existence d'un livre de magie perdu, écrit de la propre main du dieu Thot. Ce grimoire était, selon les paroles de l'homme, caché dans le tombeau d'un prince nommé Na-Nefer-Ka-Ptah, situé dans la lointaine cité des morts de Memphis.

Après trois jours de quête dans la vaste nécropole, Setni, au bord du renoncement, identifia le sépulcre et découvrit au fond de la crypte un livre nimbé de lumière. Mais au moment de s'en emparer, le cadavre momifié de l'occupant se dressa hors de son sarcophage et lui lança de puissants sortilèges. Sur le point de succomber à la magie, Setni mit fin à l'envoûtement grâce à une amulette du dieu Ptah et déroba le livre avant de s'enfuir. Le prince, de retour au palais, conta son aventure à son père qui, en homme sage, lui ordonna de restituer le livre sous peine d'attirer la malédiction de Na-Nefer. Setni refusa, attirant ainsi le mauvais sort qui, bien entendu, ne tarda pas à se manifester sous la forme d'une femme maléfique dont il tomba passionnément amoureux.

Cette passion lui fit perdre l'esprit et le précipita dans une spirale destructrice qui le conduisit à dilapider tous ses biens et à offrir ses propres enfants en sacrifice. Il lui fallut toute la puissance de son père le pharaon pour lever la malédiction, mais c'est seulement après avoir remis le livre à sa place qu'il retrouva ses enfants et sa vie d'avant.

Comme le laisse entrevoir ce conte, le livre recèle sans doute une magie puissante, mais terriblement dangereuse pour ceux qui ne sont pas préparés à recevoir une connaissance délivrée directement par un dieu. Si l'Égypte semble avoir perdu toute trace du *Livre de Thot* original, la pensée et l'esprit de Thot ont essaimé dans le monde antique et, dès le IIIe siècle avant J.-C., Thot devint Thot-Hermès sous l'influence grecque.

Un livre éternel en perpétuel devenir : du *Livre de Thot* au *Corpus Hermeticum*

Les civilisations égyptienne et grecque, filles de la Méditerranée, furent en relation pendant plus de deux mille ans et ne cessèrent de s'influencer tout au long de leur histoire. Ainsi, le dieu Thot fut assimilé par les Grecs à Hermès : Thot devint Thot-Hermès, tandis qu'Hermès, paré comme Thot avant lui du titre de « trois fois grand », se métamorphosa en Hermès Trismégiste, personnalité religieuse mythique, synthèse des deux symboles divins. Hermès comme Thot sont considérés comme inventeurs de l'alphabet, messagers des dieux, guides des âmes dans l'autre monde, et rédacteurs de nombreux textes religieux.

Ces textes, réunis sous le nom de *Corpus Hermeticum*, servent de références à la pensée hermétique. Cette dernière est une doctrine ésotérique présentée comme une révélation, qui initie à une cosmogonie, une anthropologie, une eschatologie, et à nombre de traités de magie et d'astrologie.

Le *Corpus Hermeticum*, aussi appelé « livre de Thot-Hermès », est donc considéré par nombre de lettrés, de mystiques et d'alchimistes de l'Antiquité, comme une émanation du *Livre de Thot*.

Le livre de Thot-Hermès voyagea dans le monde antique pendant des siècles, restant cependant entre les mains d'une élite qui le protégeait et le cachait. Seulement accessible à une minorité, la doctrine hermétique resta donc secrète et connue pour ses longues périodes d'éclipse.

SUR LES TRACES DU *LIVRE DE THOT* : un voyage dans le temps et l'espace

La renaissance du livre de Thot-Hermès dans l'Italie du Quattrocento

Éparpillé et presque évanoui de la mémoire collective, c'est au cours du IVe siècle de la période byzantine que le livre de Thot-Hermès fut de nouveau réuni en une collection de textes, qui voyagea ensuite à travers l'Europe durant tout le Moyen Âge. Malgré le caractère sulfureux de ces écrits, qui provoqua la défiance de quelques hauts prélats de l'Église, ils ne furent jamais mis à l'index. Suscitant la curiosité de certains savants, ils enflammèrent aussi les esprits fervents de magie et d'alchimie.

Bien qu'ayant hanté la culture européenne pendant plus de mille ans, jamais le livre de Thot-Hermès ne sortit du cercle fermé des initiés et des lettrés. Il fallut attendre une époque exceptionnelle, la Renaissance, dans l'une des cités les plus prestigieuses d'Europe, Florence, pour que l'esprit de Thot-Hermès puisse s'épanouir à nouveau au grand jour. Ramené de Macédoine par un moine, le livre mythique fut rapidement traduit et se propagea dans toute l'Europe en quelques décennies.

L'origine mystérieuse du tarot égyptien : l'hypothèse de Court de Gébelin

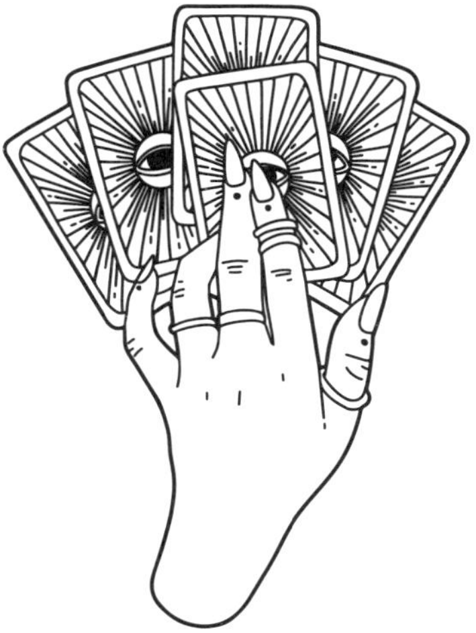

Le caractère ésotérique du *Livre de Thot* le rendit populaire auprès des occultistes et des sociétés secrètes : au XVIIIe siècle, il fut partiellement intégré aux rituels des francs-maçons et influença la philosophie rosicrucienne. Pourtant, bien qu'étant sorti de l'ombre, il ne touchait toujours qu'un public averti. Il fallut l'imagination et la réflexion perspicace d'un écrivain occultiste pour qu'une version transposée du *Livre de Thot* déjà connue de tous soit redécouverte. C'est en 1733 qu'Antoine Court de Gébelin, égyptologue passionné et grand amateur de jeux de cartes initié à la doctrine du *Corpus Hermeticum*, croit reconnaître dans le très populaire jeu de tarot une émanation du livre de Thot-Hermès. Pour lui, « tarot » vient des mots égyptiens *tar* et *ro*, signifiant « route royale », et les vignettes illustrant les lames seraient inspirées par l'écriture hiéroglyphique. Ainsi, les 78 arcanes du jeu de tarot seraient des représentations allégoriques des étapes et épreuves initiatiques de la vie, directement inspirées par le *Livre de Thot*.

LE TAROT DIVINATOIRE : comment décrypter et maîtriser ses choix de vie

Les 22 lames majeures du tarot égyptien

Le Tarot de Marseille est très proche du tarot de Gébelin : il puise ses origines dans la Provence du XIVe siècle, où des alchimistes imprégnés du *Corpus Hermeticum* ont élaboré une iconographie ésotérique destinée à révéler l'essence de l'âme humaine. Le tarot a pour ambition de décrypter les cycles et de donner du sens aux épisodes de la vie. Traversant le temps et l'espace, ces symboles universels sont arrivés jusqu'à nous en conservant leur pertinence et leur authenticité. Le tarot constitue un médium privilégié permettant de renouer un dialogue avec soi-même et d'apporter un éclairage original sur ses choix de vie.

Le Tarot de Marseille compte 78 cartes divisées en deux grands groupes : les arcanes majeurs, composés de 22 cartes, et les arcanes mineurs, composés de 56 cartes.

Selon les époques, les cartes ont pris le nom de « lames » ou d'« arcanes ».

Pour des raisons d'authenticité et de simplicité d'utilisation, nous nous servirons ici des 22 arcanes majeurs du Tarot de Marseille, mais vous pouvez choisir le jeu qui vous conviendra le mieux parmi les centaines de variantes existantes.

- Arcane n° 1 : le Bateleur représente la jeunesse, l'enthousiasme des nouveaux départs, une nouvelle relation, un projet neuf, ou encore des perspectives inédites. À l'endroit, la carte symbolise la créativité, le dynamisme et la nouveauté ; inversée, elle préfigure l'indécision, des obstacles à l'entrepreneuriat, la fin d'une relation, des peurs ou des mensonges.
- Arcane n° 2 : la Papesse représente la maternité protectrice, la connaissance intuitive des choses cachées, le savoir et la réflexion. C'est la carte de la sagesse et de la stabilité. À l'endroit, elle symbolise le bon sens, l'expérience et la connaissance ; inversée, elle signifie l'impatience, l'ignorance, la vengeance ou les remords.
- Arcane n° 3 : l'Impératrice représente l'intelligence, la sensibilité féminine, le pouvoir de l'intuition et de la communication. À l'endroit, la carte évoque la créativité, le dynamisme et le sens des responsabilités ; à l'envers, elle symbolise la malice, la déloyauté, le manque d'objectivité, la fatigue et l'instabilité.

- Arcane n° 4 : l'Empereur figure le pouvoir, la réalisation matérielle et la constance. C'est la carte de la stabilité, de la volonté et du travail récompensé. À l'endroit, la lame symbolise la construction, la responsabilité, le courage et la bienveillance ; inversée, elle incarne l'immaturité, la tyrannie, l'égoïsme et la brutalité.
- Arcane n° 5 : le Pape représente la puissance et la sagesse paternelles. C'est la carte du spirituel, de la bienveillance, de l'échange et du dialogue. À l'endroit, la carte représente l'altruisme, la sagesse, la patience et le pardon ; inversée, elle exprime la médisance, l'incompréhension, l'intolérance et le manque de foi.
- Arcane n° 6 : l'Amoureux figure le choix, la prise de décision dans l'incertitude, l'hésitation. C'est aussi la carte du don de soi et de l'authenticité. À l'endroit, la lame représente la sincérité, le charme, la jeunesse et l'amour ; inversée, elle évoque la trahison, la jalousie, les obstacles, le manque de discernement, la désillusion, l'instabilité ou encore la séparation.
- Arcane n° 7 : le Chariot symbolise la faculté à diriger sa vie de façon autonome et dynamique. À l'endroit, l'arcane est un symbole de réussite, d'ambition, de dynamisme et de maîtrise ; inversée, elle figure des obstacles, des conflits ou des incohérences.
- Arcane n° 8 : la Justice représente l'équilibre, la justesse, l'équité, le sens des responsabilités, le respect des règles

et la rigueur. À l'endroit, la carte signifie la stabilité, l'intégrité, la raison ; à l'envers, elle représente la rigidité, l'indécision ou la difficulté à s'engager.

- Arcane n° 9 : l'Hermite incarne l'expérience, l'évolution progressive et prudente, la volonté de comprendre le sens des événements. C'est un symbole de patience et de sagesse. À l'endroit, la lame symbolise la longévité, la lenteur, l'introspection et la solitude ; inversée, elle exprime le repli sur soi, la tristesse et la lenteur.
- Arcane n° 10 : la Roue de la Fortune symbolise le destin que l'on peut infléchir, les opportunités dont il faut profiter, les transformations et les hasards de la vie, bons ou mauvais, qui surgissent au gré de l'existence. À l'endroit, la carte exprime l'acceptation du changement, la réactivité face aux événements et le renouveau ; inversée, elle représente l'instabilité, la dispersion et la fuite devant les responsabilités.
- Arcane n° 11 : la Force correspond au courage, à la maîtrise de soi, à la domination des instincts et à la force positive liée à la féminité. À l'endroit, elle est signe d'énergie, de puissance et de maîtrise ; inversée, elle symbolise l'instabilité émotionnelle et l'incapacité à agir, à réfléchir sur soi-même.
- Arcane n° 12 : le Pendu matérialise la préparation à une évolution vers l'essentiel, vers l'abandon du superflu et du superficiel. À l'endroit, l'arcane symbolise la

stabilité, l'investissement personnel, l'altruisme et la générosité ; inversée, elle représente l'attente, les blocages, l'abandon et les sacrifices.

- Arcane n° 13 : l'Arcane sans nom est synonyme de renaissance, de passage et de transformation ; elle offre la possibilité de faire table rase du passé. À l'endroit, elle représente la fin d'un cycle, la transition, un changement radical et le renouveau ; inversée, elle symbolise la destruction, l'incapacité de terminer un projet et l'enlisement dans les problèmes du passé.
- Arcane n° 14 : la Tempérance symbolise le déroulement serein de la vie, la fluidité des énergies, l'échange et le rapport aux autres. À l'endroit, la lame est signe de communication, de protection, d'adaptation et de concession ; inversée, elle est synonyme de mauvaise communication, d'indécision ou encore d'opportunisme.
- Arcane n° 15 : figure du mysticisme, du magnétisme, mais aussi du danger et de la prise de risque, le Diable symbolise la tentation, la puissance de l'instinct, le désir et la révélation de ce qui est caché. Dans le sens inversé, l'arcane est synonyme de colère, de jalousie, de séparation, de manipulation et de pessimisme.
- Arcane n° 16 : la Maison Dieu représente un changement subi, parfois destructeur, mais également à l'origine de prises de conscience salutaires. À l'endroit, cette carte est signe de réalisme, de rationalité, d'adaptabilité

et de quête de vérité ; à l'envers, elle symbolise le chaos, la destruction, la peur du changement et l'irrationalité.

- Arcane n° 17 : l'Étoile est une muse qui donne sans compter, sous la beauté inspirante des astres. À l'endroit, elle est synonyme de générosité, de don de soi, de sérénité, de créativité et d'intuition ; inversée, elle symbolise la naïveté, la passivité et le laxisme.
- Arcane n° 18 : emblème du monde de la nuit, de la part sombre et irrationnelle de la vie, la Lune, figure de l'inconscient, symbolise le sensible et l'affectif. À l'endroit, elle désigne l'imagination, la créativité, l'intuition et la capacité d'adaptation ; inversée, elle exprime la déception, la désillusion, la superstition et le mensonge.
- Arcane n° 19 : symbole d'une clarté sans aucune part d'ombre qui illumine la pensée, le Soleil est la carte de la noblesse des sentiments, du dévouement et de la réussite. À l'endroit, la lame incarne la puissance du raisonnement, de l'intelligence et de la logique, la paix, l'épanouissement, le succès et le bonheur ; inversée, elle est synonyme d'orgueil, de goût du paraître, d'égocentrisme, de malchance et de repli sur soi.
- Arcane n° 20 : symbole de l'émergence vers l'éveil et le renouveau, le Jugement matérialise un imaginaire puissant. À l'endroit, la lame évoque la transformation, la réalisation de soi, l'intuition et la tolérance ; inversée, elle représente la rancune, l'immobilisme et le manque de reconnaissance.

- Arcane n° 21 : le Monde est une représentation symbolique du consultant qui s'est accompli dans divers aspects de sa vie, matériels, spirituels, intellectuels et sentimentaux. À l'endroit, la carte figure la réalisation de soi, le sens de l'effort, la prise de décision, l'ambition, la reconnaissance et la réussite ; inversée, elle reflète l'égocentrisme, le repli sur soi et l'échec.
- Arcane n° 22 : le Mat représente la destinée du consultant qui suit sa voie, guidé par son instinct, bon ou mauvais. À l'endroit, la carte exprime le courage, la prise de risque, la liberté d'être et d'agir, le voyage, la confiance en soi et l'intuition ; inversée, elle signifie l'indécision, l'incompréhension, l'entêtement et le manque de lucidité.

Les différents tirages et leurs interprétations

Après la présentation des arcanes, nous allons maintenant étudier un exemple de tirage. Nous nous contenterons d'un tirage simple à trois cartes.

Créez une ambiance en harmonie avec ce moment : choisissez un endroit calme, agréable, un éclairage doux et un encens au parfum délicat. Vous pouvez consacrer le jeu de tarot par un rituel adressé au dieu Thot, puisque le tarot est un lointain descendant du *Livre de Thot*.

Brassez les 22 arcanes majeurs en faisant en sorte que certains puissent se retrouver tête en bas ; ils seront donc inversés. Disposez les 22 cartes en éventail devant vous. Posez-vous une question simple concernant un problème ou une situation que vous devez résoudre. Limitez les données en choisissant un domaine (argent, travail, relation...). Les tirages peuvent s'effectuer selon différentes lectures. Ici, nous utiliserons deux tirages courants et simples : passé-présent-futur et perception-obstacle-réalité.

Passé-présent-futur

Choisissez trois cartes, puis disposez-les unes à côté des autres. La première carte tirée est placée à gauche : elle représente le passé. La deuxième carte tirée est placée au centre, elle représente le présent, tandis que la dernière carte tirée est placée à droite et représente le futur. Évidemment, posez les lames faces cachées, puis, après les avoir retournées, reportez-vous à leur signification afin de commencer votre interprétation et votre apprentissage de tarologue.

Pour vous aider, voici un exemple de tirage dont l'interprétation est appliquée à une situation précise : notre consultant s'appelle Damien, il est actif et sportif et se remet d'un accident de la route, mais il se sent encore fragile et psychologiquement vulnérable. Va-t-il retrouver dynamisme et confiance en lui ?

Sa première carte tirée est l'arcane de la Tempérance : cela indique que, par le passé, Damien était stable, d'humeur égale et détendue, et qu'il avait le sentiment d'avoir le contrôle de son existence.

Sa deuxième carte est le Bateleur. Dans la période présente, Damien ne peut faire face aux multiples choix qui se présentent à lui : il se tourne vers le passé et, empli de regrets, il est nostalgique de l'époque où il ne se questionnait pas sur son destin et où tout était beaucoup plus simple.

La troisième carte est la Roue de la Fortune. « La roue tourne » : Damien, qui est actuellement en plein doute et d'humeur morose, doit réaliser que ce mal-être va prendre fin et que des jours meilleurs l'attendent. Cependant, ce changement ne résultera pas d'une action extérieure. L'équilibre et l'énergie renaîtront chez lui quand il aura pris conscience qu'il doit trouver en lui-même les ressources nécessaires à un nouveau départ.

Perception-obstacle-réalité

Choisissez trois cartes, puis disposez-les les unes à côté des autres. La première carte tirée est placée à gauche : elle symbolise la réalité telle qu'elle est perçue. La deuxième carte tirée est placée au centre et incarne les obstacles qui empêchent de voir la réalité des choses. La dernière carte tirée est placée à droite et désigne la réalité.

Reprenons la situation précédente avec un tirage différent. La première carte tirée est la Tempérance inversée, puis le Chariot et, en dernier, le Jugement. L'interprétation du tirage est la suivante : la Tempérance inversée symbolise la réalité perçue. La vie de Damien lui paraît bouleversée, il est en souffrance, sa santé et son énergie sont dégradées et perturbées. Il est dans l'indécision, évalue mal la situation et dramatise exagérément, ce qui le pousse au repli sur soi et l'empêche de communiquer.

Le Chariot représente l'obstacle. Le message envoyé par cette carte signifie que Damien est découragé et qu'il devra faire preuve de ténacité pour surmonter cette épreuve et reprendre la maîtrise de sa vie. Il retrouvera son dynamisme quand il renouera avec le goût du dépassement de soi et de la réussite qui sont toujours présents en lui.

Le Jugement figure la réalité véritable. Démoralisé, Damien se laisse gouverner par de mauvaises intuitions ; son état de santé n'est pas réellement grave. La réalité, suggérée par l'arcane du Jugement, indique qu'il possède en lui la faculté de se renouveler et de renaître plus fort et plus équilibré.

LA MAGIE DES MOTS

La valeur sacrée des mots : nommer, c'est donner vie

Que ce soit dans le secret du naos d'un « temple de millions d'années », dans le silence d'une nécropole abandonnée, ou au chevet d'un fellah piqué par un scorpion, la magie passe par la voix du prêtre, du magicien ou du guérisseur. Les mots, signes sacrés gravés pour l'éternité sur les murs d'une pyramide ou hâtivement griffonnés sur la fibre périssable d'un papyrus, ne sont pas uniquement destinés à communiquer. Leur rôle est bien plus ambitieux que cela. Chacun d'eux représente un condensé d'énergie vibratoire, une plénitude de sens qui, dans la bouche ou sous le calame du thaumaturge, se métamorphose en *hekau*, ou « mot de pouvoir ».

Dans la cosmogonie égyptienne, la puissance du verbe est à l'origine du monde, ce qui confère aux mots un pouvoir fabuleux. Parmi ces mots, les noms, et en particulier les noms propres, étaient reconnus comme étant les réceptacles d'une magie particulièrement efficace. Le nom était l'essence même de l'être ou de l'objet. Ainsi, connaître le nom secret d'une créature, d'un dieu ou d'un homme revenait à posséder le pouvoir de le contrôler, de disposer de son destin ou même de sa vie. La valeur du nom était telle que celui des personnes condamnées pour un crime grave ou qui étaient la cible d'un envoûtement devait être effacé de tous les écrits ou oblitéré, comme pour l'annihiler et ainsi détruire intégralement l'individu.

Avant d'être lus et prononcés, les mots composant les formules magiques étaient écrits. Pour cette raison, la magie résidait essentiellement entre les mains des scribes, qui rédigeaient pour les sorts les plus courants de véritables formulaires préétablis dans lesquels des parties étaient laissées vierges. Il suffisait alors d'ajouter le nom du bénéficiaire pour activer le sort. Les Égyptiens lettrés ne représentaient qu'une infime minorité de la population : afin que les autres puissent également profiter du pouvoir d'*Heka*, des formules magiques étaient gravées sur de petites stèles en pierre sur lesquelles on répandait de l'eau, qu'il suffisait ensuite de boire pour profiter pleinement de ses vertus.

Les scribes à l'imagination fertile accentuaient le caractère magique des incantations en y insérant parfois des mots aux consonances étranges, créés de toutes pièces, qui n'étaient souvent qu'une suite de syllabes sans signification particulière. Les Égyptiens anciens accordaient une puissance magique particulière aux jeux de mots et aux palindromes.

La magie des mots réside dans le rythme, la vibration et la poésie. Redécouvrez-la par des pratiques à votre portée et, comme les scribes et les magiciens égyptiens, n'hésitez pas à exercer votre imagination et vos talents de poètes en créant vos propres formules et hymnes. La magie est en vous !

Consacrer son nom de pratique égyptien

En Égypte ancienne, connaître le nom secret d'un dieu ou d'une personne, c'était détenir la possibilité d'exercer sur lui ou sur elle un redoutable pouvoir. Le nom secret et les rituels sont toujours en étroite relation de nos jours. Aussi, pour entrer plus intimement en contact avec les divinités que vous appréciez, vous pouvez choisir un nom de pratique. Il ne sera révélé qu'aux dieux et déesses de votre choix lors d'une cérémonie particulière ; ainsi consacré, il vous permettra de vous singulariser lors de vos rituels. Choisissez-le avec soin, veillez à ce qu'il vous caractérise au mieux, qu'il vous révèle intimement, et gardez-le secret !

Ce rite de consécration du nom est adressé à Thot, le maître des mots et du langage.

Objets nécessaires au rituel

- Une coupelle remplie d'eau pure.
- Une petite bande de lin blanc.
- De l'encre noire et un bâtonnet de bois.

Le rituel

Disposez la bande de lin sur votre autel et, avec le bâtonnet préalablement trempé dans l'encre, inscrivez-y votre nom secret. Plongez la bande dans la coupelle d'eau et laissez l'encre se diluer dans l'eau pendant une nuit. Au matin, devant le soleil levant, élevez la coupe, bras tendus, et prononcez la formule suivante :

« Puissant Thot, reçois en ta lumière, mon nom.

Je suis désormais pour toi et les autres neterou
[prononcez votre nom secret].

Thot, greffier des dieux, toi qui gardes en toi tous les mots,

Reçois ce nom et garde-le pur et secret en ta lumière

Comme je le garde pur et secret en mon cœur. »

Posez la coupelle sur votre autel et laissez l'eau s'évaporer pendant plusieurs jours, la laissant rejoindre la lumière avec votre nom secret. Conservez la bande de lin sur votre autel, tel un témoin maintenant muet de votre nom secret, ou bien brûlez-la.

6

Préparer le périple de la mort tout au long de sa vie

L'ÉGYPTE PHARAONIQUE ET LA MORT

La mort : une porte vers une autre réalité

Au déclin du jour, le crépuscule ouvre le chemin vers la rive ouest du Nil, le pays des morts. Le soleil se dérobe aux regards des vivants, emportant avec lui sa lumière dans le secret des profondeurs. Il traverse en une nuit le royaume des morts pour renaître à l'aube, éclatant de jeunesse et de puissance. Ce spectacle quotidien était, pour les Égyptiens, la source d'une apaisante certitude : la mort n'est qu'un trépas, une traversée vers une autre terre riche d'une vie nouvelle, et non une fin. Pour le peuple de la vallée, l'horizon crépusculaire était comme la frontière du lointain « Pays de l'Ouest », le lieu sacré où ils allaient rejoindre le sillon lumineux du dieu Rê et, à son image, revivre éternellement.

Loin d'occulter la mort, les Égyptiens anciens l'avaient acceptée au point d'en faire une composante primordiale de leur vie. La mort étant la clé de l'éternité, il fallait la préparer de son vivant et s'assurer d'être capable de relever ce redoutable défi. Chaque Égyptien accordait une importance cruciale à son lieu de sépulture. Toute sa vie, il préparait avec soin sa tombe, qui deviendrait sa demeure éternelle. Il y faisait peindre des scènes de la vie quotidienne gaies et hautes en couleur, se faisant figurer avec sa famille, réunis autour d'un repas ou aux travaux dans les champs. Ces tableaux très vivants reflètent une vision de l'au-delà joyeuse et paisible, où l'on rejoint les êtres aimés, goûtant à un bonheur égal à celui que l'on pouvait éprouver sur Terre.

Pour l'Égyptien de l'Antiquité, il n'existe pas de frontière hermétique entre la vie et la mort : les vivants peuvent s'adresser aux défunts, leur écrire des lettres, dîner en leur compagnie dans leur tombeau ouvert à la présence des hommes. La mort est un sujet de réflexion, de connaissances : il existe des textes sacrés pour en triompher, des formules psalmodiées pour la vaincre, et l'au-delà est même représenté et cartographié. Le tombeau n'est pas un endroit lugubre, mais une demeure d'éternité ; le sarcophage n'est pas un lieu d'anéantissement, mais un réceptacle d'énergie vitale. Alors que la dépouille est vouée à la corruption, le corps momifié est éternel. Contrairement à l'image de la grande faucheuse des cultures occidentales, en Égypte, la mort n'est pas sinistre : elle est représentée sous l'apparence de la déesse Imentet, qui étanche la soif des sages. C'est elle que l'on doit rejoindre, paré des formules de protection comme celles que l'on trouve dans le *Livre pour sortir au jour* (autre nom donné au *Livre des morts*). À l'intérieur du tombeau, divers objets sont mis à la disposition du défunt : certains sont des articles qui lui étaient chers de son vivant, d'autres sont magiques, comme les ouchebtis, petites statuettes destinées à le servir en accomplissant des tâches domestiques dans l'autre monde. Tous ces éléments constituent une panoplie magique destinée à équiper le mort dans l'au-delà et lui permettre de voyager sereinement à travers le « bel Occident ».

Tout, dans notre Univers, vit, meurt et renaît : les êtres vivants comme les astres sont soumis aux mêmes cycles, aux mêmes métamorphoses. Cette observation simple, inspirée par la nature, a conduit les Égyptiens vers une sagesse si profonde qu'elle a libéré ce peuple de la crainte de la mort. À la lumière de cette connaissance, la civilisation égyptienne a pu franchir cette ultime frontière, ne voyant en elle qu'un nouvel horizon.

Les rituels funéraires

La société égyptienne, tout au long de son histoire, a cultivé un rapport singulier à la mort. Peu de civilisations ont accordé une telle importance à cette dernière, et développé un ensemble de rituels funéraires aussi riche et varié. Ces cérémonies funèbres perpétuaient le souvenir du disparu, et assuraient aussi, par leur fréquence, sa survie et la réussite de son passage dans l'au-delà.

En effet, après son décès, l'esprit du défunt entame un voyage dangereux et incertain, qui ne s'achève qu'après avoir rejoint les Champs des Roseaux, domaine de repos des âmes justes. Bien que le voyageur vers l'au-delà ne soit livré qu'à lui-même pour accomplir son périple, une barrière de protection faite de formules magiques et de rites funéraires le met à l'abri d'innombrables périls. En effet, des forces antagonistes toujours à l'œuvre menacent à chaque instant l'accomplissement de sa métamorphose en *Akh*, en être de lumière. L'ensemble de ces rites tire son inspiration du mythe osirien, mythe fondateur de la résurrection. Les rituels suivants, accomplis par les prêtres, préparaient le défunt à son ultime voyage.

La momification et l'embaumement

Pratiquée depuis des millénaires en Égypte, la momification est destinée à préserver l'enveloppe corporelle du défunt. Pour les Égyptiens de l'Antiquité, l'homme est composé de cinq éléments : le *djet* constitue l'enveloppe physique, le *shout* est l'ombre, une sorte de double qui accompagne l'homme depuis sa naissance et le suit dans la mort, le *ren* est le nom, le *Bâ* est étroitement associé à l'âme et est représenté sous la forme d'un oiseau à visage humain, et enfin, le *Ka* est le souffle de la vie. Le *Ka* et le *Bâ* accompagnent le défunt dans son périple vers l'au-delà. Afin que ces éléments puissent rejoindre le royaume des morts, il était nécessaire que le *djet*, le corps matériel, ne soit pas corrompu. Les prêtres accomplissaient pour cela une cérémonie d'embaumement qui transformait la dépouille du défunt en momie. Purifié et protégé de la corruption, le défunt, à l'image d'Osiris, atteignait ainsi l'éternité. Les embaumeurs s'acquittaient de leur tâche qui pouvait durer jusqu'à 70 jours. La survie symbolique du corps, statue vivante à l'image du corps glorieux d'Osiris ressuscité, offrait au défunt la faculté d'atteindre les régions lumineuses du Soleil éternel.

La technique de l'embaumement passait par six phases essentielles : le traitement du corps, l'extraction du cerveau, l'éviscération, la déshydratation, le remodelage et le bandelettage. Ces différentes opérations assuraient la conservation et la préservation du défunt, lui offrant ainsi une nouvelle vie. Un prêtre d'Anubis, maître de cérémonie, assurait le rituel de la momification. Anubis avait légué aux humains, par le biais d'Isis, le secret de la régénération des corps en embaumant Osiris, assurant sa résurrection dans l'au-delà. Le mystère de la régénération reconstituait ainsi l'une des scènes les plus fascinantes du mythe d'Osiris.

Pour préserver le défunt de la corruption, on retirait les viscères du corps par une entaille sur le flanc gauche et on les déposait ensuite dans quatre vases, dits « vases canopes », chacun placé sous l'égide d'un des fils d'Horus : Amset protégeait le foie, Hâpy, les poumons, Douamoutef, l'estomac, et Kébehsénouf, les intestins. Bien qu'étroitement associés à l'idée d'impureté et de corruption, les viscères déposés dans les vases canopes, assainis par des résines, métamorphosaient alors les vases en coupes sacrées sources de régénération et de renouveau. En effet, en magie, une force néfaste maîtrisée devient le meilleur remède pour vaincre les dangers qu'elle incarne. La purification du corps se poursuivait par une onction d'huile parfumée, puis par la parure d'amulettes en or ornées de minéraux précieux. Ces amulettes, introduites entre les bandelettes, favorisaient la résurrection du défunt et sa survie dans le royaume des morts : il retrouvait alors l'aspect et la souplesse du vivant.

Après une dernière toilette, le corps était revêtu d'un suaire de lin de couleur jaune safran ou rouge, évoquant l'astre solaire à son apogée ou au couchant. Enfin, on le parait d'un masque mortuaire à l'image du défunt, donnant de ce dernier une image de jeunesse éternelle empreinte de beauté et de sérénité, reflet de l'attitude des Égyptiens face à la mort. Le corps éphémère et périssable se métamorphosait alors en véritable statue d'éternité.

L'ouverture de la bouche

Ultime rituel avant la descente de la momie dans son tombeau, l'ouverture de la bouche visait à rétablir symboliquement les fonctions vitales du défunt afin qu'il puisse respirer et s'alimenter dans l'au-delà. Par la momification, le corps périssable était élevé au rang d'image divine, pour être ensuite rendu à la vie grâce au rite de l'ouverture de la bouche. L'âme consciente du mort cessait alors son errance dans l'entre-deux mondes et pouvait entreprendre son voyage dans l'au-delà. Durant ce rite, on animait également le scarabée-cœur placé sur la poitrine du mort : le cœur, siège de la conscience individuelle, retrouvait ainsi ses facultés, la mémoire et l'imagination, facilitant la reconstruction de la personnalité du défunt.

Le rite de l'ouverture de la bouche occupe un rôle essentiel dans le *Livre des morts* car il permet au défunt de recouvrer magiquement la parole, de jouir à nouveau de ses cinq sens et d'affronter ainsi avec succès les nombreuses épreuves qui l'attendent dans son périple.

L'enterrement et son cortège de rites funéraires

Prélude à la renaissance du défunt, les obsèques se déroulaient selon un rituel également décrit dans le *Livre des morts*. Le corps momifié était exposé devant le tombeau et il était de coutume que des pleureuses viennent s'y recueillir et manifester haut et fort leur chagrin. La dépouille était ensuite déposée dans son sarcophage jusqu'à la chambre funéraire, où étaient disposées des offrandes, des objets aimés par le trépassé durant sa vie, et le *Livre des morts*, afin de l'assister dans l'au-delà. Un prêtre psalmodiait des incantations durant la cérémonie, l'aidant à rejoindre son enveloppe corporelle :

« Tu ne t'éteindras pas, tu ne finiras pas.
Ton nom durera auprès des hommes.
Ton nom viendra à être auprès des dieux. »

Cette promesse de vie éternelle adressée initialement au pharaon Pépi Ier a été intégrée au cérémoniel traditionnel d'enterrement destiné à guider l'âme du défunt vers une autre vie.

Les rites funèbres égyptiens, par leur degré de sophistication, sont les témoins d'une société où tous les hommes, les morts aussi bien que les vivants, contribuaient à l'équilibre du monde. Le temps du deuil écoulé, les vivants laissaient les morts à leur « vie » dans l'au-delà et célébraient le rétablissement de l'ordre du monde lors d'un banquet opulent. À l'issue du cycle de 70 jours, l'équilibre de l'Univers était retrouvé, la vie pouvait reprendre son cours.

LE *LIVRE DES MORTS* : LE VOYAGE DE L'ÂME

Un passeport pour l'éternité

Véritable guide de l'au-delà, le *Livre des morts* préservait le défunt des dangers qui jalonnaient l'itinéraire de l'âme vers l'éternité et lui permettait de ne pas s'écarter du bon chemin grâce à une véritable géographie occulte du royaume des morts. Composé de 192 chapitres de formules magiques assortis de vignettes richement illustrées, ce livre sacré était disposé près de la dépouille du défunt pour l'accompagner lors de son ultime voyage. Véritable passeport pour l'éternité, le livre permettait au défunt de naviguer entre les écueils de sa périlleuse traversée, de désarmer les créatures hostiles et de donner le bon mot de passe aux génies gardiens des portes du royaume d'Osiris. Il recense ainsi rites et précieux conseils pour aborder sereinement cette nouvelle existence.

Le *Livre des morts* était originellement intitulé *Livre pour sortir au jour* : ce titre merveilleux et enchanteur offre une vision lumineuse d'un au-delà où le destin de chaque Égyptien était de rejoindre le sillage du dieu soleil en devenant un *Akh*, un être resplendissant associé à la lumière de l'astre, ayant accédé à un niveau de spiritualité supérieur. Pour achever sa métamorphose et devenir un *Akh*, le défunt devait passer par quatre étapes associées aux quatre parties principales du *Livre des morts*.

L'accueil dans l'au-delà

Accompagné par le cortège funèbre, le défunt marche vers la cité des morts. Arrivé en vue des terres de l'au-delà, il s'avance vers son tombeau, puis rejoint le lieu où les âmes séjournent dans l'attente de leur résurrection : le redoutable monde souterrain de la Douât. Il est vulnérable, exposé à tous les dangers, la conscience encore abolie. Il constitue une proie facile pour Apophis, le serpent maître du chaos, qui pourrait, par son venin, corrompre son corps encore enveloppé de bandelettes. Pour se soustraire au danger d'anéantissement, il s'en remet à Horus, qui lui offre refuge et protection sous son œil, l'Oudjat.

La renaissance dans l'au-delà

Encore dans l'ombre du tombeau, le mort attend le jour. Dans l'aube nouvelle, il renaît comme un jeune soleil et se lève, triomphant du monde souterrain. Face à la lumière sacrée de l'astre dieu, purifié, régénéré, il redevient lui-même. À nouveau maître de ses actes, il renoue avec sa magie, se souvient alors de son nom, retrouve sa personnalité ainsi que son cœur, révélateur de sa pureté et de son innocence lorsqu'il fera face au tribunal d'Osiris. À l'abri des dangers, il triomphe des animaux qui le menacent de leurs crocs et de leur venin, et se tient alors aux côtés d'Osiris, où il se restaure et étanche sa soif dans la fraîcheur de la ramure du sycomore de Nout.

La transfiguration

Sorti du monde souterrain, libéré de ses bandelettes, le voyageur se relève : il a retrouvé son âme et son ombre. Revenu à la vie, comme Rê, il marche vers l'ouest et subit, pendant les heures du jour, douze métamorphoses. Transformé en faucon d'or, il parcourt le ciel comme l'astre solaire ; flottant à la surface de l'eau, il est le lotus, symbole de la création ; enfin, il égale les dieux en devenant lui-même Ptah. Transfiguré, le voyageur continue sa marche vers le couchant, jusqu'aux rives du fleuve qui traverse le royaume des morts. À ce moment-là, il rencontre Mahaef, le passeur. Grâce à la magie, ils réveillent ensemble Âqen, le gardien de l'embarcation, qui accepte la traversée. À bord de la barque solaire, le défunt navigue jusqu'aux Champs des Roseaux, où il séjourne avant de partir vers la Porte de Feu qui s'ouvre sur le tribunal d'Osiris.

L'ascension et la glorification

Déclaré « juste de voix » par le tribunal d'Osiris, le voyageur se purifie devant un lac de feu. Il devient alors un démiurge libre d'arpenter un monde qui lui appartient désormais. Devenu l'égal d'un dieu, il dispose à sa guise de l'espace et du temps, enfin détaché de la matérialité. Il est alors à jamais uni à l'Univers.

Le jugement de l'âme devant le tribunal d'Osiris, moment crucial du *Livre des morts*, fait l'objet d'un développement particulier dans la partie suivante.

La pesée du cœur : une étape décisive vers l'au-delà

Le jugement de l'âme constitue sans nul doute le paroxysme de cette odyssée dans le royaume des morts. Après sa traversée dans la barque du passeur Âqen, le voyageur de l'au-delà, arrivé sur l'autre rive, doit affronter l'ultime épreuve de son périple : la pesée du cœur. Debout dans la salle du tribunal d'Osiris, il fait humblement face au grand juré des douze dieux. Son cœur, siège de sa conscience et de sa mémoire, repose sur l'un des plateaux de la balance, tandis qu'une plume légère et aérienne, la plume de Maât, repose sur l'autre. Si son cœur est aussi léger qu'une plume, alors le défunt devient un bienheureux et accède à l'éternité. Au contraire, si le cœur du mort, trop lourd, fait pencher le fléau de la balance, son âme, jugée impure, est déchue et irrémédiablement précipitée dans les abîmes des ténèbres primordiales, où elle subira une damnation éternelle.

Anubis veille à la justesse de la pesée, vérifie l'aiguille de la balance et prononce le verdict devant Thot, le scribe divin, qui le consigne dans le registre sacré du tribunal. La pureté de son âme établie, le voyageur passe alors sans crainte devant Âmmout, la « dévoreuse des morts », chimère hybride qui engloutit les cœurs impurs. Bien que reconnu pur, le défunt ne peut encore renaître : il doit se confesser en présence de quarante-deux juges divins aux noms effrayants. Devant chacun d'eux, il va déclarer n'avoir commis aucune faute particulière : à celui que l'on nomme « l'Avaleur d'ombre », il dira, sûr de son innocence : « Je n'ai pas dérobé. » Au « Briseur d'os », il affirmera : « Je n'ai pas dit de mensonge. » À « Celui qui se nourrit de sang », il déclarera : « Je n'ai pas tué d'animal sacré. » Après avoir accompli cette confession négative, le mort est reconnu « juste de voix ». Il est alors reçu par Isis, qui l'installe dans l'au-delà et lui accorde le souffle de la renaissance, répétant ainsi le miracle accompli lors de la résurrection d'Osiris.

Dans le monde actuel, le *Livre des morts* peut être lu et apprécié pour sa valeur poétique et philosophique. Même si le panthéon égyptien, malgré toute sa beauté et sa profondeur, ne suscite pas en vous une ferveur religieuse, cet ouvrage peut être perçu comme une invitation à se questionner sur la mort en se dépouillant de ses peurs et de ses angoisses.

Au-delà de sa dimension sacrée, ce texte est avant tout un manuel pratique, rédigé dans le but de guider les croyants arrivés aux portes de la mort et de permettre à leur entourage de les assister en suivant des instructions issues d'une sagesse primordiale. Lu par des vivants pour des vivants, il est aussi une voie vers une élévation de l'être, une opportunité d'accéder à l'éternité durant son existence terrestre. Il ressuscite en nous l'être spirituel et ouvre les portes du sacré et de l'éternité.

Vivre sa vie en pleine conscience : penser la mort autrement

Plus que jamais dans nos sociétés contemporaines, la mort est occultée, invisibilisée, refoulée : nous n'osons plus la regarder, lui parler, et encore moins l'apprivoiser. Nous ne trouvons plus les mots, les gestes ni les attitudes pour l'exprimer : désormais on ne « meurt » plus, on « disparaît ».

Quand la mort s'impose à notre conscience, quand elle entre brutalement dans nos vies, elle nous renvoie si crûment à notre propre fin que nous la rejetons aussitôt dans les marges de notre pensée. Pourtant, cette finitude, si on l'accepte, peut être porteuse de sens. Il serait bon de redécouvrir que la vie ne nous appartient pas, qu'elle ne tient qu'à un fil qui peut se rompre à tout moment. Les Égyptiens avaient réalisé que la vie est un miracle et avaient conscience qu'elle est un don, et non un dû. Sûrs de leurs croyances, ils avaient foi en la puissance du lien spirituel créé par leurs rituels avec les défunts, et à sa pérennité dans le temps.

Nous vous proposons ci-dessous quelques idées de rites pratiques et accessibles pour mieux vivre le deuil.

La lettre de libération

Dans l'Antiquité égyptienne, il était courant de s'adresser à ses morts bien-aimés. Ces correspondances tout à fait étonnantes sont appelées les « lettres aux morts ». Elles forment une littérature singulière, fascinante et souvent touchante. Les Égyptiens déposaient ces écrits dans la tombe avec une offrande. Ils pouvaient demander aux défunts une faveur : intervenir auprès d'un dieu, ou bien faire appel à la justice divine lorsque le tribunal des vivants ne suffisait pas.

Il existe différentes sortes de deuil : celui, évidemment, de l'être aimé que l'on a perdu, mais aussi de plus abstraits, tels que celui d'une relation, d'un mode de vie, ou même d'une partie de soi que l'on laisse derrière nous. Nous pouvons faire le deuil de notre passé, de notre travail… Dans tous les cas, guérir de son deuil, c'est accepter d'y plonger, de donner du temps à sa peine pour qu'elle guérisse et ainsi renaître à la vie. Agir calme l'angoisse et permet de se resituer dans le présent, l'ici et maintenant.

Écrire une lettre de deuil, comme le faisaient les Égyptiens de l'Antiquité, peut représenter un outil puissant de libération.

L'écriture constitue un rituel rassurant et sécurisant, qui vous aidera à accepter l'état des choses, à contempler la situation, calmement, sans crainte. Identifiez ce que vous êtes en train de quitter, imaginez-le. Exprimer son ressenti par écrit est un processus délicat : comment s'y prendre ? Par où commencer ? Il est important de surmonter cette appréhension qui pourrait vous priver des bienfaits de l'écriture. C'est pourquoi, si vous rencontrez des difficultés, nous vous proposons les quelques questions suivantes qui pourront vous aider à initier votre démarche :

- « Qui était cet être dont je pleure l'absence ? » Nous vous invitons à parler de sa personnalité, des particularités qui rendaient cette personne unique à vos yeux ;
- « Qu'est-ce que j'attendais de ma relation avec cette personne ? » Quelle était la nature de votre relation ? Que vous apportait-elle au quotidien ? Que lui apportiez-vous ? Comment cette relation a-t-elle évolué au cours du temps ? ;
- « Qu'est-ce que j'aurais souhaité dire à cette personne avant qu'elle ne quitte ce monde ? » Avez-vous des remords ou des regrets quant aux moments que vous avez partagés avec elle ? ;
- « Où en suis-je aujourd'hui dans mon deuil ? » Ou bien mentalement, dans votre relation à autrui, dans votre existence quotidienne, ou encore dans vos convictions ;

- « Quelles ont été mes attentes avant que cette promotion professionnelle ne m'échappe ? » Peut-être espériez-vous en retirer un épanouissement personnel ou une amélioration de votre qualité de vie ;
- « Quels états d'âme me traversent, quels sentiments émergent en moi ? Le manque, la culpabilité, la haine, la tristesse, la sérénité, la paix, le chaos ? Pour quelle raison est-ce que j'éprouve cela aujourd'hui ? Qu'est-ce qui a changé en moi ? »

Dans cette lettre, exprimez vos attentes, votre chagrin et votre colère. Vous pouvez allumer une bougie, vous assurer de vous installer dans une pièce où vous ne serez pas dérangé, puis laissez les mots jaillir. Une fois la lettre terminée, brûlez-la.

Le rituel du deuil : lâcher prise et se tourner vers l'avenir

Isis, la veuve éplorée, mais aussi la maîtresse du destin, nous enseigne que l'existence est en mouvement permanent et nous invite à accueillir le changement dans nos vies. Pour cela, il est nécessaire de faire le deuil du passé afin de recevoir et de s'ouvrir au renouveau, d'assumer la métamorphose avec sérénité. Ce rituel sera potentialisé lors d'une nuit de pleine lune et fait appel aux instruments magiques présentés dans le deuxième chapitre du *Livre des morts*.

Objets nécessaires au rituel

- Un chandelier à trois branches, sur lequel vous disposerez une chandelle dont la couleur, pour vous, est associée au deuil, à ce que nous laissons derrière nous (la douleur d'une perte, d'une expérience douloureuse, d'un souvenir pénible), une chandelle dont la couleur est associée à l'équilibre et à l'harmonie, ainsi qu'une chandelle dont la couleur est associée au renouveau.
- Une huile de consécration (huile de myrrhe ou toute autre huile parfumée).
- Une cloche ou un bol chantant.
- L'offrande votre choix.

Le rituel

Enduisez les trois chandelles avec l'huile de consécration. Tout en appliquant l'huile, représentez-vous votre objectif, votre intention. Visualisez que, comme la bougie, ce que vous voulez laisser derrière vous s'écoule pour devenir informe, puis disparaître. Installez le chandelier au centre de l'autel. Placez la chandelle du deuil à gauche sur le chandelier, la chandelle de l'équilibre au centre, et la chandelle du renouveau à droite. Faites vibrer une cloche ou un bol chantant pour marquer le début du rituel.

Allumez la chandelle évoquant l'idée de deuil, et fixez la flamme du regard en prononçant à haute voix :

« Isis, entends-moi. Laisse s'éteindre en moi [le motif de votre deuil] et que [le motif de votre deuil] prenne fin. »

Puis, allumez la seconde chandelle. Concentrez-vous sur la flamme évoquant le sentiment d'équilibre et d'harmonie, et récitez à haute voix :

« Isis, entends-moi. Aide-moi à retrouver l'harmonie, donne-moi la volonté d'accepter le changement. »

Et enfin, allumez la troisième chandelle. Contemplez la flamme et éprouvez le sentiment de renouveau. Prononcez la formule suivante :

« Isis, entends-moi, aide-moi à recevoir ce nouveau départ dans la quiétude et la paix, qu'il me permette de m'ouvrir à de nouvelles perspectives. »

Exprimez votre gratitude à Isis, puis faites don de votre offrande.

Le rituel de l'arbre d'Hathor

Généreuse envers les vivants et bienveillante envers les morts, Hathor symbolise les liens qui nous rattachent à nos ancêtres. Parfois surnommée la « Dame du sycomore », elle élit souvent domicile dans la ramure d'un grand arbre et se manifeste pour offrir aux défunts l'eau et le pain en guise de bienvenue. Pour les Égyptiens, l'arbre d'Hathor est considéré comme la demeure des ancêtres défunts, l'arbre généalogique. Il est donc fréquent que l'on rédige de petits messages que l'on noue aux branches, transformant ainsi l'arbre en lieu d'échange entre les défunts et les vivants.

Pour réaliser ce rite de recueillement, nous vous proposons de vous immerger en pleine nature. Choisissez, dans un lieu chargé de sens pour vous et pour le défunt, un arbre qui symbolisera votre lien avec lui. Comme l'arbre d'Hathor, celui-ci représentera votre arbre généalogique. Prenez le soin de resituer le défunt dans son ascendance et sa descendance, en suspendant aux branches des rubans où figureront le nom de ses parents, de ses enfants, ainsi que le vôtre. Il peut aussi devenir un lieu d'échange, un arbre de liaison, où vous pourrez revenir vous recueillir, déposer des offrandes, accrocher des messages d'amour, ou encore enlacer cet arbre qui relie le plan terrestre au plan céleste pour recevoir l'affection du disparu.

Pour réaliser la deuxième étape de ce rituel, trouvez une vieille souche creuse qui pourra recevoir le témoignage de vos souffrances, de vos souvenirs douloureux qui auront été préalablement retranscrits sur des petits morceaux de papier. Brûlez-les ensuite et laissez les cendres, ainsi que votre peine, se dissiper.

Conclusion

Si l'Égypte est encore pour beaucoup une source de fascination, c'est peut-être parce qu'elle éveille en nous la réminiscence de quelque vie antérieure, la nostalgie d'un monde où la magie organisait et rythmait l'existence. Ce souvenir surgi de l'oubli est comme un message plein de fraîcheur, source d'inspiration et d'enseignements, que nous envoie l'antique peuple de la vallée. Renouer avec le divin des neterou et faire revivre en nous la magie égyptienne constitue une voie vers un retour au sacré. Les Égyptiens ont su découvrir des vérités simples et profondes et cultiver des vertus qui pourraient, encore aujourd'hui, nous conduire vers des horizons apaisés et harmonieux. Marchez dans les pas d'Isis et soyez maître de votre vie. À l'image d'Osiris, sachez renaître à vous-même, nourrissez-vous de l'esprit de Maât en laissant s'épanouir en vous et autour de vous le beau, le vrai, le juste : croyez en votre magie, c'est là le grand secret !

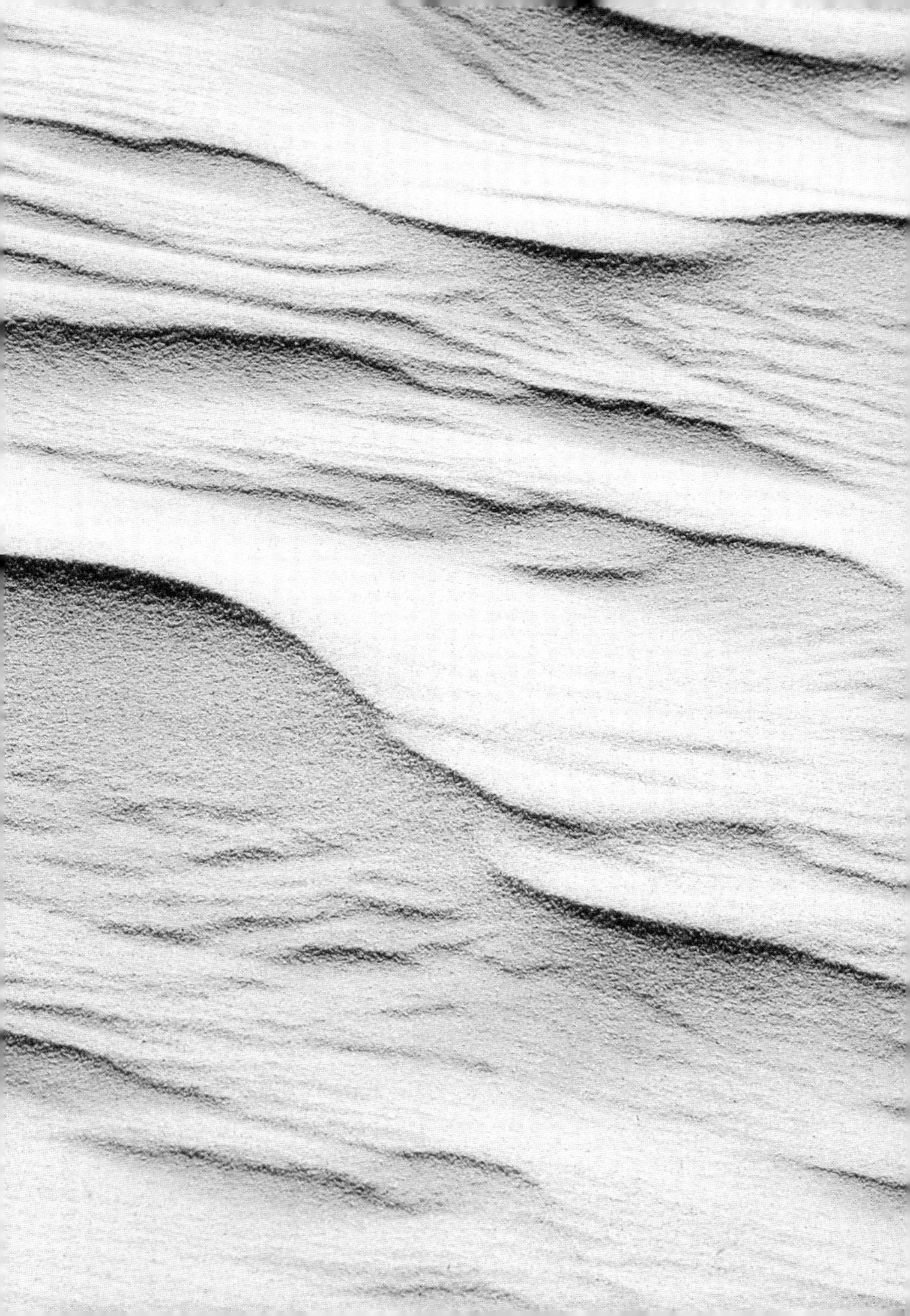

Bibliographie

- Baltrušaitis Jurgis, *Les Perspectives dépravées, Tome 3 – La Quête d'Isis : Essai sur la légende d'un mythe*, Flammarion, coll. « Champs arts », 2009.
- Caradeau Jean-Luc, Declos Marie, *Le Livre des Morts égyptien décrypté*, Alliance Magique, coll. « Alliance Magique », 2019.
- Chemin Henri, *La Haute Magie d'Isis*, Alliance Magique, coll. « Alliance Magique », 2020.
- Collectif, *Le Monde du sorcier : Égypte, Babylone, Hittites, Israël, Islam, Asie centrale, Inde, Népal, Cambodge, Viêtnam, Japon*, Éditions du Seuil, coll. « Sources orientales », 1966.
- Corteggiani Jean-Pierre, *L'Égypte ancienne et ses dieux – Dictionnaire illustré*, Fayard, coll. « Histoire », 2007.
- Duclos Cécile, *Les Pierres semi-précieuses de l'Égypte Antique – Guide pratique*, Cécile Duclos, 2015.
- Gadalla Moustafa, *Isis : femme divine*, publié indépendamment, 2017.
- Hope Murry, *La Magie égyptienne – Guide d'introduction aux pratiques magiques de l'Égypte ancienne*, Sand, coll. « L'homme et la connaissance », 1993.
- Hornung Erik, Hulin Michèle (trad.), *L'Esprit du temps des pharaons*, coll. « Pluriel », Hachette Littératures, 1998.

- Jacq Christian, *Initiation à l'Égypte ancienne*, coll. « Égypte ancienne », La Maison de vie, 2001.
- Jacq Christian, *Le Monde magique de l'Égypte ancienne*, Éditions du Rocher, coll. « Gnose + », 1997.
- Kardan Jean, *Les Secrets de la magie égyptienne*, Exclusif, coll. « Articles sans C », 2015.
- Koening Yvan, *La Magie en Égypte : à la recherche d'une définition*, La Documentation française, coll. « Conférences et colloques », 2002.
- Lalouette Claire, *Textes sacrés et textes profanes de l'ancienne Égypte*, Gallimard, coll. « Connaissance de l'Orient », 1984.
- Meurois Daniel, Croteau-Meurois Marie-Johanne, *Le Nouveau Grand Livre des thérapies esséniennes et égyptiennes*, Le Passe-Monde, 2019.
- Michaud Didier, Lapidus Michel, *Le Livre de Thot*, La Maison de vie, coll. « Égypte ancienne », 2014.
- Myriah Ysis, *Danser sous la grâce d'Isis*, Lulu.com, 2012.
- Quentin Florence, *Isis l'Éternelle : Biographie d'un mythe féminin*, Albin Michel, 2012.
- Rossini Stéphane, *Nétèr, dieux d'Égypte*, Trismegiste, coll. « Égyptologie », 2008.

- Schwartz Fernand, *Initiation aux livres des morts égyptiens*, Albin Michel, coll. « Spiritualités Vivantes Poche », 1988.
- Tuan Laura, *Le Tarot des Égyptiens – Signification, interprétation et divination*, De Vecchi, coll. « Religion & Ésotérisme », 2017.
- Yoyotte Jean, Aynard Jeanne-Marie, Cazelles Henri, *Le Jugement des morts : Égypte ancienne, Assour, Babylone, Israël, Iran, Islam, Inde, Chine, Japon*, Éditions du Seuil, coll. « Sources orientales », 1961.

DÉJÀ PARUS
DANS LA COLLECTION OSELESO

Les Pouvoirs
de l'astrologie celtique
Découvrez la magie de votre
arbre protecteur
Hermine Deniaud
Paru en octobre 2019

Les Expériences de
mort imminente
Quand la science envisage
l'impossible
Catherine Piraud-Rouet
Paru en novembre 2019

Les Pouvoirs de la loi
d'attraction
Les clés mystiques pour
transformer votre vie
Rachel Villecroze
Paru en janvier 2020

À l'aube
d'une transformation
Messages de l'au-delà
pour sauver l'humanité
Clesios
Paru en mars 2020

DÉJÀ PARUS
DANS LA COLLECTION OSELESO

Le Monde des esprits amérindiens
À la découverte
de votre animal totem
Emara Lino
Paru en juillet 2020

Le Pendule divinatoire
Maîtrisez l'art
de la radiesthésie
Lou Sylvereal
Paru en juillet 2020

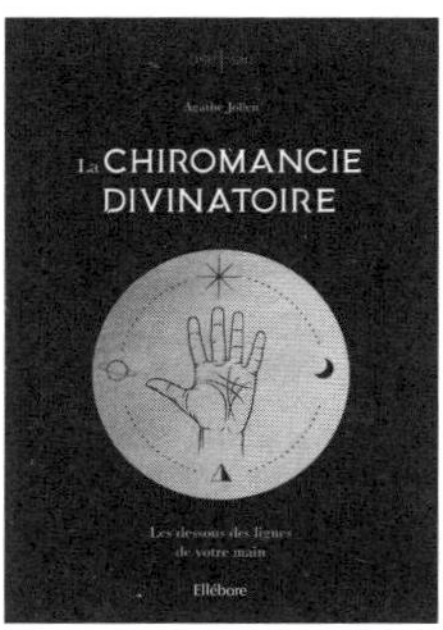

La Chiromancie divinatoire
Les dessous des lignes
de votre main
Agathe Jolien
Paru en septembre 2020

Les Secrets de la numérologie prédictive
Une formation pas à pas
pour des réponses rapides,
datées et précises
Zicenzo
Paru en octobre 2020

Dépôt légal : janvier 2021
Achevé d'imprimer en France en décembre 2020
par La Nouvelle Imprimerie Laballery.
N° d'impression : 012233